Sinfonía Mediterránea
Un Viaje Gastronómico por los Sabores del Mar y la Tierra

Marta Ortega

Indice

Pita mediterránea 9

Huevo relleno con hummus 11

Bollos de trigo sarraceno con manzanas y pasas 14

Muffins de salvado de calabaza 16

Panqueques de suero de leche de trigo sarraceno 18

Tostada francesa con almendras y compota de melocotón 19

Avena de frutos rojos con crema dulce de vainilla 21

Crepe de chocolate y fresas 23

Quiche de espárragos y tocino 25

Tartas De Queso De Manzana 27

Tocino y huevos 29

Muffins de naranja y arándanos 31

14. Avena al horno con jengibre y cobertura de pera 32

Tortilla vegetariana al estilo griego 33

Cóctel de verano 35

Pita de huevo y tocino 36

cuscús para el desayuno 38

Ensalada de durazno para el desayuno 40

avena salada 41

Tostada De Tahini Y Manzana 42

Huevos revueltos con albahaca 43

patatas y huevos griegos 44

Batido de aguacate y miel 46

tortilla con verduras 47

Mini rollitos de ensalada 49

Cous Cous De Manzana Con Curry 50

Cordero y verduras 51

Me consuelan las hierbas 53

Quinua De Coliflor 54

Cóctel de mango y pera 55

tortilla de espinacas 56

Tortitas con almendras 58

Ensalada de frutas con quinoa 60

Cóctel de fresa y ruibarbo 61

Gachas de cebada 62

Cóctel de calabaza y jengibre 63

jugo verde 64

Pochlebc con nueces y dátiles 65

Cóctel de frutas y leche 66

Cóctel de chocolate y plátano 67

Yogur con arándanos, miel y menta 68

Parfait con frutos rojos y yogur 69

Avena con frutos rojos y girasoles 70

Rápido de almendras y nueces de arce 71

Avena Plátano 73

Sandwich de desayuno 74

Cuscús de desayuno 76

Batido de aguacate y manzana 78

Mini tortilla 79

Avena con tomate secado al sol 81

huevos en aguacates 82

Egg Brekky - una bolsa de patatas 84

Sopa de tomate y albahaca 86

Humus de calabaza 88

bollos laterales 89

ensalada escrita 90

Arándanos y dátiles 91

Tortilla de lentejas y queso cheddar 92

Sandwich de atún 94

ensalada escrita 95

Ensalada de garbanzos y calabacín 97

Ensalada de alcachofas provenzales 99

ensalada búlgara 101

Ensaladera de falafel 103

Ensalada griega ligera 105

Ensalada de rúcula con higos y nueces 107

Ensalada de coliflor con vinagreta de tahini 109

Ensalada de patatas mediterránea 111

Ensalada de quinua y pistachos 113

Ensalada de pollo y pepino con salsa picante de maní 115

Paella de verduras 116

Cazuela De Berenjenas Y Arroz 118

cuscús de verduras 121

Primo 124

Bulgur con tomates y garbanzos 127

Pasta de caballa 129

- Pasta con tomates cherry y anchoas 131
- Risotto con limón y gambas 133
- Espaguetis con almejas 135
- sopa griega con pescado 137
- Arroz venus con camarones 139
- Pennette de salmón y vodka 141
- Carbonara con marisco 143
- Pesto de calabacín garganelli y camarones 145
- Arroz con salmón 148
- Pasta con tomates cherry y anchoas 150
- Orecchiette de brócoli y salchicha 152
- Risotto de achicoria y tocino ahumado 154
- Pasta a la genovesa 156
- Pasta Napolitana De Coliflor 159
- Pasta y judías, naranja e hinojo 161
- Espaguetis con limón 163
- Cuscús de verduras picante 164
- Arroz frito con especias de eneldo 166
- Cuscús marroquí con garbanzos 168
- Paella vegetariana con judías verdes y garbanzos 170
- Camarones al ajillo con tomate y albahaca 172
- paella de gambas 174
- Ensalada de lentejas con aceitunas, menta y queso feta 176
- Garbanzos con ajo y perejil 178
- Garbanzos cocidos con berenjenas y tomates 180
- Arroz griego con limón 182
- Arroz con hierbas aromáticas 184

Ensalada de arroz mediterránea 186

Ensalada de frijoles y atún fresco 188

Deliciosa pasta con pollo 190

Tacos Mediterraneos 192

Deliciosos macarrones con queso 194

Arroz con aceitunas pepino 196

Risotto con hierbas aromáticas 198

Deliciosa pasta primavera 200

Pasta con pimientos fritos 202

Arroz con tomate y albahaca salada 204

Pasta con atún 206

Sándwiches mixtos con aguacate y pavo 208

Pollo con pepino y mango 210

Fattoush - pan del Medio Oriente 212

Focaccia de ajo y tomate sin gluten 214

Hamburguesa de champiñones a la parrilla 216

Baba Ghanoush mediterráneo 218

pita mediterránea

Tiempo de preparación: 22 minutos
TIEMPO DE COCCIÓN: 3 minutos
Servicios: 2
Dificultad: Fácil

Ingredientes:

- 1/4 taza de pimiento rojo dulce
- 1/4 taza de cebolla picada
- 1 taza de sustituto de huevo
- 1/8 cucharadita de sal
- 1/8 cucharadita de pimienta
- 1 tomate en trozos pequeños
- 1/2 taza de espinacas tiernas frescas picadas
- 1-1/2 cucharaditas de albahaca fresca picada
- 2 pasteles enteros
- 2 cucharadas de queso feta desmenuzado

Indicaciones:

Cubra una sartén antiadherente pequeña con aceite en aerosol. Coloca la cebolla y el chile a fuego medio durante 3 minutos. Agrega el sustituto de huevo y sazona con sal y pimienta. Revuelva hasta que esté rígido. Agregue las espinacas picadas, los tomates picados y la albahaca picada. Vierta sobre la focaccia. Mezclar la parte superior de verduras con la mezcla de huevo. Espolvorea con queso feta desmenuzado y sirve inmediatamente.

Nutrición (100 g): 267 calorías 3 g de grasa 41 g de carbohidratos 20 g de proteína 643 mg de sodio

Huevo relleno con hummus

Tiempo de preparación: 10 minutos
TIEMPO DE COCCIÓN: 0 minutos
Porciones: 6
Dificultad: Fácil

Ingredientes:

- 1/4 taza de pepino cortado en cubitos
- 1/4 taza de tomates en rodajas finas
- 2 cucharaditas de jugo de limón fresco
- 1/8 cucharadita de sal
- 6 huevos duros pelados y cortados por la mitad a lo largo
- 1/3 taza de hummus hummus horneado o cualquier sabor de hummus
- Perejil fresco picado (opcional)

Indicaciones:

Agrega los tomates, el jugo de limón, el pepino y la sal, luego mezcla suavemente. Saque las yemas de los huevos partidos por la mitad y reserve para usar más tarde. Unte una cucharadita de hummus a cada lado del huevo. Cubra con perejil y media cucharadita de la mezcla de tomate y pepino. Servir inmediatamente

Nutrición (100 g): 40 calorías 1 g de grasa 3 g de carbohidratos 4 g

Huevos revueltos con salmón ahumado

Tiempo de preparación: 2 minutos

TIEMPO DE COCCIÓN: 8 minutos

Porciones: 4

Nivel de dificultad: medio

Ingredientes:

- 16 onzas de sustituto de huevo sin colesterol
- 1/8 cucharadita de pimienta negra
- 2 cucharadas de cebollas verdes picadas, reservando la parte superior
- 1 onza de queso crema frío bajo en grasa, cortado en cubos de 1/4 de pulgada
- 2 onzas de hojuelas de salmón ahumado

Indicaciones:

Corta el queso crema enfriado en cubos de ¼ de pulgada y reserva. En un tazón grande, mezcle el sustituto de huevo y la pimienta. Cubra una sartén antiadherente a fuego medio con aceite en aerosol. Agregue el sustituto de huevo y cocine durante 5 a 7 minutos o hasta que cuaje, revolviendo y raspando el fondo de la sartén de vez en cuando.

Agrega el queso crema, las cebolletas y el salmón. Continúe cocinando y revolviendo durante otros 3 minutos, o hasta que los huevos aún estén suaves pero bien cocidos.

Nutrición (100 g):100 calorías 3 g de grasa 2 g de carbohidratos 15 g de proteína 772 mg de sodio

Bollos de trigo sarraceno con manzanas y pasas

Tiempo de preparación: 24 minutos

TIEMPO DE COCCIÓN: 20 minutos

Porciones: 12

Nivel de dificultad: medio

Ingredientes:

- 1 taza de harina para todo uso
- 3/4 taza de harina de trigo sarraceno
- 2 cucharadas de azúcar moreno
- 1 cucharadita y media de levadura en polvo
- 1/4 cucharadita de bicarbonato de sodio
- 3/4 taza de suero de leche bajo en grasa
- 2 cucharadas de aceite de oliva
- 1 huevo grande
- 1 taza de manzanas frescas, cortadas en cubitos, peladas y sin corazón
- 1/4 taza de pasas

Indicaciones:

Precaliente el horno a 375 grados F. Forre un molde para muffins de 12 tazas con aceite en aerosol antiadherente o vasos de papel. Retrasar. Mezclar todos los ingredientes secos en un bol. Retrasar.

Batir los ingredientes líquidos hasta que quede suave. Vierta la mezcla líquida en la mezcla de harina y revuelva hasta que se humedezca. Agrega las manzanas cortadas en cubitos y las pasas. Llene cada molde para muffins aproximadamente 2/3 de su capacidad con la mezcla. Freír hasta que estén doradas. Utilice la prueba del palillo. Servir.

Nutrición (100 g): 117 calorías 1 g de grasa 19 g de carbohidratos 3 g de proteína 683 mg de sodio

Muffins de salvado de calabaza

Tiempo de preparación: 20 minutos
TIEMPO DE COCCIÓN: 20 minutos
Porciones: 22
Nivel de dificultad: medio

Ingredientes:

- 3/4 taza de harina para todo uso
- 3/4 taza de harina integral
- 2 cucharadas de azúcar
- 1 cucharada de polvo para hornear
- 1/8 cucharadita de sal
- 1 cucharadita de especias para pastel de calabaza
- 2 tazas de cereal 100% salvado
- 1 taza y media de leche desnatada
- 2 claras de huevo
- 15 oz x 1 lata de calabaza
- 2 cucharadas de aceite de aguacate

Indicaciones:

Precalienta el horno a 400 grados Fahrenheit. Prepare un molde para muffins lo suficientemente grande como para contener 22 muffins y cúbralo con aceite en aerosol antiadherente. Mezcle los primeros cuatro ingredientes hasta que se combinen. Retrasar.

Combine la leche y el salvado de cereal en un tazón grande y déjelos reposar durante 2 minutos o hasta que el cereal esté tierno. Agrega el aceite, las claras y la calabaza a la mezcla de salvado y mezcla bien. Agrega la mezcla de harina y mezcla bien.

Extienda la masa uniformemente en el molde para muffins. Hornee por 20 minutos. Retire los panecillos de la sartén y sírvalos fríos o calientes.

Nutrición (100 g): 70 calorías 3 g de grasa 14 g de carbohidratos 3 g de proteína 484 mg de sodio

Panqueques de suero de leche de trigo sarraceno

Tiempo de preparación: 2 minutos
TIEMPO DE COCCIÓN: 18 minutos
Porciones: 9
Dificultad: Fácil

Ingredientes:

- 1/2 taza de harina de trigo sarraceno
- 1/2 taza de harina para todo uso
- 2 cucharaditas de polvo para hornear
- 1 cucharadita de azúcar moreno
- 2 cucharadas de aceite de oliva
- 2 huevos grandes
- 1 taza de suero de leche bajo en grasa

Indicaciones:

Coloca los primeros cuatro ingredientes en un bol. Vierta el aceite, el suero de leche y los huevos y mezcle hasta que quede suave. Coloque una sartén a fuego medio y rocíe con aceite en aerosol antiadherente. Vierta ¼ de taza de la masa en la sartén y cocine durante 1-2 minutos por lado o hasta que estén dorados. Servir inmediatamente.

Nutrición (100 g): 108 calorías 3 g de grasa 12 g de carbohidratos 4 g de proteína 556 mg de sodio

Tostada francesa con almendras y compota de melocotón

Tiempo de preparación: 10 minutos
TIEMPO DE COCCIÓN: 15 minutos
Porciones: 4
Dificultad: Fácil

Ingredientes:

- <u>Que consiste en:</u>
- 3 cucharadas de sustituto del azúcar a base de sucralosa
- 1/3 taza + 2 cucharadas de agua, dividido
- 1 1/2 tazas de duraznos pelados o congelados, descongelados y escurridos, rebanados
- 2 cucharadas de duraznos, sin azúcar
- 1/4 cucharadita de canela molida
- <u>Tostada Francesa De Almendras</u>
- 1/4 taza de leche descremada (descremada)
- 3 cucharadas de sustituto del azúcar a base de sucralosa
- 2 huevos enteros
- 2 claras de huevo
- 1/2 cucharadita de extracto de almendras
- 1/8 cucharadita de sal
- 4 rebanadas de pan multigrano
- 1/3 taza de almendras fileteadas

Indicaciones:

Para hacer compota, disuelva 3 cucharadas de sucralosa en 1/3 de taza de agua en una cacerola mediana a fuego medio-alto. Agrega los duraznos y deja hervir. Reduzca el fuego a medio y continúe cocinando, sin tapar, por otros 5 minutos o hasta que los duraznos estén tiernos.

Agrega el agua restante y la fruta para untar, luego agrega los duraznos a la olla. Cocine por un minuto más o hasta que el almíbar espese. Retire del fuego y agregue la canela. Cubrir para mantener el calor.

Para hacer tostadas francesas. Combine la leche y la sucralosa en un tazón grande y hondo y revuelva hasta que se disuelva por completo. Agrega las claras, los huevos, el extracto de almendras y la sal. Sumerge ambos lados de las rebanadas de pan en la mezcla de huevo durante 3 minutos o hasta que estén completamente empapadas. Espolvorea ambos lados con almendras fileteadas y presiona bien para que se adhieran.

Cubra una sartén antiadherente con aceite en aerosol y colóquela a fuego medio-alto. Freír las rebanadas de pan en la sartén durante 2-3 minutos por cada lado o hasta que estén ligeramente doradas. Sirva cubierto con compota de durazno.

Nutrición (100 g): 277 calorías 7 g de grasa 31 g de carbohidratos 12 g de proteína 665 mg de sodio

Avena de frutos rojos con crema dulce de vainilla

Tiempo de preparación: 5 minutos
TIEMPO DE COCCIÓN: Cinco minutos
Porciones: 4
Dificultad: Fácil

Ingredientes:

- 2 vasos de agua
- 1 taza de avena instantánea
- 1 cucharada de sustituto del azúcar a base de sucralosa
- 1/2 cucharadita de canela molida
- 1/8 cucharadita de sal
- <u>Crema</u>
- 3/4 taza de mitad y mitad sin grasa
- 3 cucharadas de sustituto del azúcar a base de sucralosa
- 1/2 cucharadita de extracto de vainilla
- 1/2 cucharadita de extracto de almendras
- <u>especias</u>
- 1 1/2 tazas de arándanos frescos
- 1/2 taza de frambuesas frescas o congeladas y descongeladas

Indicaciones:

Hierva el agua a fuego alto y agregue la avena. Reduzca el fuego a medio-bajo y cocine la avena, sin tapar, durante 2 minutos o hasta que espese. Retire del fuego y agregue el sustituto del azúcar, la sal y la canela. En un tazón mediano, mezcle todos los ingredientes de la crema hasta que estén bien combinados. Dividir la avena cocida en 4 partes iguales y verter encima la nata dulce. Espolvorea con bayas y sirve.

Nutrición (100 g): 150 calorías 5 g de grasa 30 g de carbohidratos 5 g de proteína 807 mg de sodio

Crepe de chocolate y fresas

Tiempo de preparación: 5 minutos

TIEMPO DE COCCIÓN: 10 minutos

Porciones: 4

Dificultad: Fácil

Ingredientes:

- 1 taza de harina de trigo blando
- 2/3 taza de leche descremada (1%)
- 2 claras de huevo
- 1 huevo
- 3 cucharadas de azúcar
- 3 cucharadas de cacao en polvo sin azúcar
- 1 cucharada de mantequilla derretida enfriada
- 1/2 cucharadita de sal
- 2 cucharaditas de aceite de colza
- 3 cucharadas de fresas
- 3 1/2 tazas de fresas frescas o descongeladas en rodajas
- 1/2 taza de cobertura congelada sin grasa descongelada
- Hojas de menta fresca (si se desea)

Indicaciones:

Combine los primeros ocho ingredientes en un tazón grande hasta que queden suaves y bien combinados.

Calienta ¼ de cucharadita de aceite en una sartén antiadherente pequeña a fuego medio. Vierta ¼ de taza de la masa en el centro y revuelva para cubrir la sartén.

Hornee por un minuto o hasta que el panqueque se haya oscurecido y los bordes estén secos. Voltee y cocine por medio minuto más. Repite el proceso con la mezcla restante y el aceite.

Vierta ¼ de taza de fresas derretidas en el centro del panqueque y coloque hasta cubrir el relleno. Cubra con 2 cucharadas de crema batida y decore con menta antes de servir.

Nutrición (100 g): 334 calorías 5 g de grasa 58 g de carbohidratos 10 g de proteína 678 mg de sodio

Quiche de espárragos y tocino

Tiempo de preparación: 5 minutos
TIEMPO DE COCCIÓN: 42 minutos
Porciones: 6
Dificultad: Fácil

Ingredientes:

- 2 1/2 tazas de espárragos picados
- 1 pimiento rojo molido
- 1 taza de leche descremada (1%)
- 2 cucharadas de harina de trigo blando
- 4 claras de huevo
- 1 huevo entero
- 1 taza de tocino cocido picado
- 2 cucharadas de estragón picado o albahaca fresca
- 1/2 cucharadita de sal (opcional)
- 1/4 cucharadita de pimienta negra
- 1/2 taza de queso suizo, finamente rallado

Indicaciones:

Precaliente el horno a 350 grados F. Cocine en el microondas los pimientos y los espárragos en una cucharada de agua a temperatura ALTA durante 2 minutos. Drenar. Agregue la harina y la leche, luego agregue el huevo y las claras hasta que estén bien combinados. Agregue verduras e ingredientes distintos del queso.

Vierta en un molde para pasteles de 9 pulgadas y hornee por 35 minutos. Espolvorea la quiche con queso y hornea por otros 5 minutos o hasta que el queso se derrita. Dejar enfriar durante 5 minutos, luego dividir en 6 porciones y servir.

Nutrición (100 g): 138 calorías 1 g de grasa 8 g de carbohidratos 13 g de proteína 588 mg de sodio

Tartas De Queso De Manzana

Tiempo de preparación: 20 minutos
TIEMPO DE COCCIÓN: 15 minutos
Porciones: 10
Nivel de dificultad: medio

Ingredientes:

- 1 taza de harina para todo uso
- 1 taza de harina integral blanca
- 3 cucharadas de azúcar
- 1 cucharadita y media de levadura en polvo
- 1/2 cucharadita de sal
- 1/2 cucharadita de canela molida
- 1/4 cucharadita de bicarbonato de sodio
- 1 manzana Granny Smith, cortada en cubitos
- 1/2 taza de queso cheddar rallado
- 1/3 taza de puré de manzana, natural o sin azúcar
- 1/4 taza de leche, descremada (descremada)
- 3 cucharadas de mantequilla derretida
- 1 huevo

Indicaciones:

Precaliente el horno a 425 grados F. Prepare un molde forrándolo con papel pergamino. Coloque todos los ingredientes secos en un bol y mezcle. Agrega el queso y la manzana. Retrasar. Mezcle todos los ingredientes húmedos. Vierta sobre la mezcla seca hasta que se combine y se forme una masa pegajosa.

Amasar la masa sobre una tabla de repostería enharinada unas 5 veces. Dobla y estira hasta formar un círculo de 8 pulgadas. Cortar en 10 rodajas diagonales.

Colóquelo en una bandeja para hornear y rocíe con aceite en aerosol. Hornee por 15 minutos o hasta que esté ligeramente dorado. Servir.

Nutrición (100 g): 169 calorías 2 g de grasa 26 g de carbohidratos 5 g de proteína 689 mg de sodio

Tocino y huevos

Tiempo de preparación: 15 minutos
TIEMPO DE COCCIÓN: 15 minutos
Porciones: 4
Dificultad: Fácil

Ingredientes:

- 1 taza de sustituto de huevo sin colesterol
- 1/4 taza de parmesano, rallado
- 2 rebanadas de jamón canadiense, cortado en cubitos
- 1/2 cucharadita de salsa de chile rojo
- 1/4 cucharadita de pimienta negra
- 4 tortillas de harina integral de 7 pulgadas
- 1 taza de hojas tiernas de espinaca

Indicaciones:

Precalienta el horno a 325 grados F. Combina los primeros cinco ingredientes para hacer el relleno. Vierta la mezcla en un plato de vidrio de 9 pulgadas rociado con aceite en aerosol con sabor a mantequilla.

Cocine por 15 minutos o hasta que los huevos estén cuajados. Retirar del horno. Mete las tortillas al horno por un minuto. Divida la masa de huevos al horno en cuatro partes. Coloque una cuarta parte en el centro de cada tortilla y decore con ¼ de taza de espinacas. Dobla la tortilla desde abajo hacia el centro y luego desde ambos lados hacia el centro para sellar. Servir inmediatamente.

Nutrición (100 g): 195 calorías 3 g de grasa 20 g de carbohidratos 15 g de proteína 688 mg de sodio

Muffins de naranja y arándanos

Tiempo de preparación: 10 minutos

TIEMPO DE COCCIÓN: 10-25 minutos

Porciones: 12

Nivel de dificultad: medio

Ingredientes:

- 1 3/4 tazas de harina para todo uso
- 1/3 taza de azúcar
- 2 cucharaditas y media de levadura en polvo
- 1/2 cucharadita de bicarbonato de sodio
- 1/2 cucharadita de sal
- 1/2 cucharadita de canela molida
- 3/4 taza de leche, descremada (descremada)
- 1/4 taza de mantequilla
- 1 huevo grande, ligeramente batido
- 3 cucharadas de concentrado de jugo de naranja derretido
- 1 cucharadita de vainilla
- 3/4 taza de arándanos frescos

Indicaciones:

Precaliente el horno a 400 grados F. Siga los pasos 2 a 5 para los muffins de trigo sarraceno, manzana y pasas. Llene los moldes para muffins hasta ¾ de su capacidad con la mezcla y hornee durante 20-25 minutos. Deja enfriar por 5 minutos y sirve caliente.

Nutrición (100 g): 149 calorías 5 g de grasa 24 g de carbohidratos 3 g de proteína 518 mg de sodio

14. Avena al horno con jengibre y cobertura de pera

Tiempo de preparación: 10 minutos
TIEMPO DE COCCIÓN: 15 minutos
Servicios: 2
Dificultad: Fácil

Ingredientes:

- 1 taza de avena a la antigua
- 3/4 taza de leche, descremada (descremada)
- 1 clara de huevo
- 1 1/2 cucharaditas de jengibre fresco rallado o 3/4 cucharadita de jengibre molido
- 2 cucharadas de azúcar morena, dividida
- 1/2 pera madura, cortada en cubitos

Indicaciones:

Rocíe 2 moldes de 6 onzas con aceite en aerosol antiadherente. Precalienta el horno a 350 grados F. Combina los primeros cuatro ingredientes y una cucharada de azúcar, luego mezcla bien. Vierta uniformemente entre las 2 latas. Cubra con rodajas de pera y la cucharada restante de azúcar. Hornee por 15 minutos. Servir caliente.

Nutrición (100 g): 268 calorías 5 g de grasa 2 g de carbohidratos 10 g de proteína 779 mg de sodio

Tortilla vegetariana al estilo griego

Tiempo de preparación: 10 minutos
TIEMPO DE COCCIÓN: 20 minutos
Servicios: 2
Dificultad: Fácil

Ingredientes:

- 4 huevos grandes
- 2 cucharadas de leche baja en grasa
- 1/8 cucharadita de sal
- 3 cucharaditas de aceite de oliva, dividido
- 2 tazas de Portobello baby, picado
- 1/4 taza de cebolla finamente picada
- 1 taza de espinacas tiernas frescas
- 3 cucharadas de queso feta, desmenuzado
- 2 cucharadas de aceitunas maduras, cortadas en rodajas
- Pimienta recién molida

Indicaciones:

Mezclar los primeros tres ingredientes. Calienta 2 cucharadas de aceite en una sartén antiadherente a fuego medio-alto. Cocine las cebollas y los champiñones durante 5-6 minutos o hasta que estén dorados. Agregue las espinacas y cocine. Retire la mezcla de la sartén.

En la misma sartén, calienta el aceite restante a fuego medio-bajo. Vierta la mezcla de huevo y tan pronto como comience a cuajar, empuje los bordes hacia el centro para permitir que se escurra la mezcla verde. Una vez que los huevos se hayan cuajado, ralla la mezcla de verduras por un lado. Espolvorea con aceitunas y queso feta, luego dobla el otro lado para sellar. Cortar por la mitad y espolvorear con pimienta para servir.

Nutrición (100 g): 271 calorías 2 g de grasa 7 g de carbohidratos 18 g de proteína 648 mg de sodio

Cóctel de verano

Tiempo de preparación: 8 minutos

TIEMPO DE COCCIÓN: 0 minutos

Servicios: 2

Dificultad: Fácil

Ingredientes:

- Pelar 1/2 plátano
- 2 tazas de fresas, cortadas por la mitad
- 3 cucharadas de menta, picada
- 1 1/2 tazas de agua de coco
- 1/2 aguacate, sin hueso y pelado
- 1 dátil, triturado
- Cubitos de hielo según sea necesario

Indicaciones:

Mezclar todo con una licuadora y triturar hasta que quede suave. Agrega cubitos de hielo para espesar y sirve frío.

Nutrición (100 g): 360 calorías 12 g de grasa 5 g de carbohidratos 31 g de proteína 737 mg de sodio

Pita de huevo y tocino

Tiempo de preparación: 5 minutos
TIEMPO DE COCCIÓN: 15 minutos
Porciones: 4
Dificultad: Fácil

Ingredientes:

- 6 huevos
- 2 cebollas picadas
- 1 cucharadita de aceite de oliva
- 1/3 taza de jamón ahumado, picado
- 1/3 taza de pimiento verde dulce, picado
- 1/4 taza de queso brie
- Sal marina y pimienta negra al gusto.
- 4 hojas de lechuga
- 2 pan pita, harina gruesa

Indicaciones:

Calienta el aceite de oliva en una sartén a fuego medio. Agregue las cebollas y los pimientos verdes y cocine durante cinco minutos, revolviendo con frecuencia.

Coge un bol y bate los huevos, espolvoréalos con sal y pimienta. Asegúrate de que los huevos estén bien batidos. Rompe los huevos en la sartén, luego agrega el tocino y el queso. Mezclar bien y cocinar hasta que la mezcla espese. Divide los bollos por la mitad y abre los bolsillos. Unta una cucharadita de mostaza en cada bolsillo y coloca una hoja de lechuga en cada uno. Unte cada uno con la mezcla de huevo y sirva.

Nutrición (100 g): 610 calorías 21 g de grasa 10 g de carbohidratos 41 g de proteína 807 mg de sodio

cuscús para el desayuno

Tiempo de preparación: 5 minutos
TIEMPO DE COCCIÓN: 15 minutos
Porciones: 4
Nivel de dificultad: medio

Ingredientes:

- 3 tazas de leche, baja en grasa
- 1 rama de canela
- 1/2 taza de albaricoques, secos y picados
- 1/4 taza de pasas, secas
- 1 taza de cuscús, crudo
- Una pizca de sal marina fina
- 4 cucharaditas de mantequilla, derretida
- 6 cucharaditas de azúcar moreno

Indicaciones:

Calienta una sartén con la leche y la canela a fuego medio. Cocine por tres minutos antes de retirar la sartén del fuego.

Agrega los albaricoques, el cuscús, la sal, las pasas y el azúcar. Mezclar bien y luego tapar. Reservar y dejar reposar quince minutos.

Deseche la ramita de canela y divídala en tazones. Espolvorea con azúcar moreno antes de servir.

Nutrición (100 g): 520 calorías 28 g de grasa 10 g de carbohidratos 39 g de proteína 619 mg de sodio

Ensalada de durazno para el desayuno

Tiempo de preparación: 10 minutos
TIEMPO DE COCCIÓN: 0 minutos
Servicios: 1
Dificultad: Fácil

Ingredientes:

- 1/4 taza de nueces, picadas y tostadas
- 1 cucharadita de miel cruda
- 1 durazno, sin corazón y en rodajas
- 1/2 taza de requesón, sin grasa y a temperatura ambiente
- 1 cucharadita de menta, fresca y picada
- 1 limón, pelado

Indicaciones:

Vierta la ricota en un bol y decore con rodajas de melocotón y nueces. Sazone con miel y decore con menta.

Espolvorea con ralladura de limón inmediatamente antes de servir.

Nutrición (100 g): 280 calorías 11 g de grasa 19 g de carbohidratos 39 g de proteína 527 mg de sodio

avena salada

Tiempo de preparación: 10 minutos
TIEMPO DE COCCIÓN: 10 minutos
Servicios: 2
Dificultad: Fácil

Ingredientes:

- 1/2 taza de avena cortada en acero
- 1 vaso de agua
- 1 tomate grande y picado
- 1 pepino en rodajas
- 1 cucharada de aceite de oliva
- Sal marina y pimienta negra al gusto.
- Perejil de hoja plana, picado para decorar
- Parmesano, bajo en grasa y recién rallado

Indicaciones:

Pon a hervir la avena y una taza de agua en una cacerola a fuego alto. Remueve frecuentemente hasta que el agua se absorba por completo, lo que tardará unos quince minutos. Divida en dos tazones y agregue los tomates y los pepinos. Rocíe con aceite de oliva y decore con parmesano. Adorne con perejil antes de servir.

Nutrición (100 g): 408 calorías 13 g de grasa 10 g de carbohidratos 28 g de proteína 825 mg de sodio

Tostada De Tahini Y Manzana

Tiempo de preparación: 15 minutos
TIEMPO DE COCCIÓN: 0 minutos
Servicios: 1
Dificultad: Fácil

Ingredientes:

- 2 cucharadas de tahini
- 2 rebanadas de pan grueso tostado
- 1 cucharadita de miel cruda
- 1 manzana pequeña, sin corazón y en rodajas finas

Indicaciones:

Comienza untando el tahini sobre la tostada y luego cubre con las manzanas. rocíe con miel antes de servir.

Nutrición (100 g): 366 calorías 13 g de grasa 9 g de carbohidratos 29 g de proteína 686 mg de sodio

Huevos revueltos con albahaca

Tiempo de preparación: 5 minutos
TIEMPO DE COCCIÓN: 10 minutos
Servicios: 2
Dificultad: Fácil

Ingredientes:

- 4 huevos, grandes
- 2 cucharadas de albahaca fresca, finamente picada
- 2 cucharadas de queso gruyere rallado
- 1 cucharada de crema
- 1 cucharada de aceite de oliva
- 2 dientes de ajo, picados
- Sal marina y pimienta negra al gusto.

Indicaciones:

Tome un tazón grande y mezcle la albahaca, el queso, la crema y los huevos. Batir hasta que esté bien combinado. Coloca una sartén grande a fuego medio-bajo y calienta el aceite. Agrega el ajo, cocina por un minuto. Debería dorarse.

Vierta la mezcla de huevo en la sartén sobre el ajo, luego continúe revolviendo mientras se cocina para que quede suave y esponjoso. Ajustar bien y servir caliente.

Nutrición (100 g): 360 calorías 14 g de grasa 8 g de carbohidratos 29 g de proteína 545 mg de sodio

patatas y huevos griegos

Tiempo de preparación: 10 minutos
TIEMPO DE COCCIÓN: 30 minutos
Servicios: 2
Dificultad: Fácil

Ingredientes:

- 3 tomates, sin hueso y picados en trozos grandes
- 2 cucharadas de albahaca fresca y picada
- 1 diente de ajo, picado
- 2 cucharadas + ½ taza de aceite de oliva, dividido
- sal marina y pimienta negra al gusto
- 3 patatas rusas grandes
- 4 huevos, grandes
- 1 cucharadita de orégano fresco y picado

Indicaciones:

Coge el robot de cocina y ponle los tomates, mézclalos con la piel.

Agrega el ajo, dos cucharadas de aceite, sal, pimienta y albahaca. Revuelva hasta que esté bien combinado. Poner esta mezcla en una sartén, cocinar tapado durante veinticinco minutos a fuego lento. Tu salsa debe quedar espesa y burbujeante.

Corta las papas en dados, luego agrégalas a una sartén con ½ taza de aceite de oliva a fuego medio-bajo.

Freír las patatas hasta que estén crujientes y doradas. Esto debería tomar cinco minutos, así que tapa la sartén y reduce el fuego a bajo. Cocer al vapor hasta que las patatas estén cocidas.

Batir los huevos con la salsa de tomate y cocinar a fuego lento durante seis minutos. Tus huevos deberían ser puestos.

Retire las patatas de la sartén y séquelas con toallas de papel. Las ponemos en un bol. Espolvorea con sal, pimienta y orégano, luego sirve los huevos con patatas. Unte la mezcla sobre la salsa y sirva caliente.

Nutrición (100 g): 348 calorías 12 g de grasa 7 g de carbohidratos 27 g de proteína 469 mg de sodio

Batido de aguacate y miel

Tiempo de preparación: 5 minutos

TIEMPO DE COCCIÓN: 0 minutos

Servicios: 2

Dificultad: Fácil

Ingredientes:

- 1 taza y media de leche de soya
- 1 aguacate, grande
- 2 cucharadas de miel cruda

Indicaciones:

Mezcle todos los ingredientes y haga puré hasta que quede suave y sirva inmediatamente.

Nutrición (100 g): 280 calorías 19 g de grasa 11 g de carbohidratos 30 g de proteína 547 mg de sodio

tortilla con verduras

Tiempo de preparación: 5 minutos
TIEMPO DE COCCIÓN: 10 minutos
Servicios: 2
Dificultad: Fácil

Ingredientes:

- 1/2 berenjena tierna, pelada y cortada en cubitos
- 1 puñado de hojas tiernas de espinacas
- 1 cucharada de aceite de oliva
- 3 huevos, grandes
- 1 cucharadita de leche de almendras
- 1 onza de queso de cabra, rallado
- 1/4 pimiento rojo pequeño, molido
- sal marina y pimienta negra al gusto

Indicaciones:

Comienza precalentando el grill en el horno y luego bate los huevos junto con la leche de almendras. Asegúrate de que esté bien mezclado y luego retíralo a una bandeja antiadherente apta para horno. Coloca a fuego medio y agrega aceite de oliva.

Cuando el aceite esté caliente, bata los huevos. Extienda las espinacas en una capa uniforme sobre esta mezcla y agregue el resto de las verduras.

Reduzca el fuego a medio y sazone con sal y pimienta. Deja cocinar las verduras y los huevos durante cinco minutos. La parte inferior de los huevos debe estar dura y las verduras blandas. Agrega el queso de cabra y ralla a fuego medio durante 3-5 minutos. Los huevos deben estar completamente cocidos y el queso derretido. Cortar en trozos y servir caliente.

Nutrición (100 g): 340 calorías 16 g de grasa 9 g de carbohidratos 37 g de proteína 748 mg de sodio

Mini rollitos de ensalada

Tiempo de preparación: 15 minutos
TIEMPO DE COCCIÓN: 0 minutos
Porciones: 4
Dificultad: Fácil

Ingredientes:

- 1 pepino cortado en cubitos
- 1 cebolla morada, en rodajas
- 1 onza de queso feta, bajo en grasa, desmenuzado
- 1 limón, exprimido
- 1 tomate cortado en cubitos
- 1 cucharada de aceite de oliva
- 12 hojas pequeñas de lechuga iceberg
- sal marina y pimienta negra al gusto

Indicaciones:

Mezcle los tomates, la cebolla, el queso feta y el pepino en un bol. Mezclar aceite y jugo, sazonar con sal y pimienta.

Rellena cada hoja con la mezcla de verduras y envuélvela bien. Mantenlos juntos con un palillo para servir.

Nutrición (100 g): 291 calorías 10 g de grasa 9 g de carbohidratos 27 g de proteína 655 mg de sodio

Cous Cous De Manzana Con Curry

Tiempo de preparación: 20 minutos
TIEMPO DE COCCIÓN: Cinco minutos
Porciones: 4
Nivel de dificultad: medio

Ingredientes:

- 2 cucharaditas de aceite de oliva
- 2 pares, solo las partes blancas, cortados en rodajas
- 1 manzana en cubos
- 2 cucharadas de curry en polvo
- 2 tazas de cuscús, cocido e integral
- 1/2 taza de nueces, picadas

Indicaciones:

Calienta el aceite en una sartén a fuego medio. Añade los puerros y cocina hasta que estén tiernos, lo que tardará cinco minutos. Agrega tu manzana y cocina hasta que esté suave.

Agregue el curry en polvo y el cuscús y mezcle bien. Inmediatamente antes de servir, retirar del fuego y agregar las nueces.

Nutrición (100 g): 330 calorías 12 g de grasa 8 g de carbohidratos 30 g de proteína 824 mg de sodio

Cordero y verduras

Tiempo de preparación: 20 minutos
TIEMPO DE COCCIÓN: 1 hora y 10 minutos
Porciones: 8
Nivel de dificultad: medio

Ingredientes:

- 1/4 taza de aceite de oliva
- 1 libra de cordero magro, deshuesado y cortado en trozos de ½ pulgada
- 2 patatas rojas grandes, peladas y cortadas en cubitos
- 1 cebolla picada gruesa
- 2 dientes de ajo, picados
- 28 onzas de tomates jugosos cortados en cubitos, enlatados y sin sal
- 2 calabacines, cortados en rodajas de ½ pulgada
- 1 pimiento rojo, picado y cortado en cubos de 1 pulgada
- 2 cucharadas de perejil de hoja plana, picado
- 1 cucharada de pimentón
- 1 cucharadita de tomillo
- 1/2 cucharadita de canela
- 1/2 vaso de vino tinto
- sal marina y pimienta negra al gusto

Indicaciones:

Comience precalentando el horno a 325 grados, luego saque una cacerola grande. Coloca a fuego medio-alto para calentar el aceite de oliva. Cuando el aceite esté caliente, incorpora el cordero y fríe la carne. Revuelva con frecuencia para evitar que se queme, luego coloque el cordero en la fuente para asar. Freír el ajo, la cebolla y las patatas en una sartén hasta que estén tiernos. Esto debería tomar otros cinco a seis minutos. Las ponemos también en la sartén. Agrega la calabaza, los pimientos y los tomates a la sartén con las hierbas y especias. Deje cocinar durante otros diez minutos antes de agregarlo a la sartén. Agrega el vino y la salsa de pimienta. Agrega el tomate y cubre con papel de aluminio. Cocine por una hora. Durante los últimos quince minutos de cocción, retira la tapa y ajusta la sazón si es necesario.

Nutrición (100 g): 240 calorías 14 g de grasa 8 g de carbohidratos 36 g de proteína 427 mg de sodio

Me consuelan las hierbas

Tiempo de preparación: 20 minutos
TIEMPO DE COCCIÓN: 1 hora y 5 minutos
Porciones: 4
Nivel de dificultad: medio

Ingredientes:

- 1/2 taza de perejil de hoja plana, ligeramente mezclado
- 1/4 taza de aceite de oliva
- 4 dientes de ajo, pelados y cortados por la mitad
- 2 cucharadas de romero fresco
- 2 cucharadas de hojas de tomillo, frescas
- 2 cucharadas de salvia fresca
- 2 cucharadas de cáscara de limón, fresca
- 4 filetes rellenos
- sal marina y pimienta negra al gusto

Indicaciones:

Precaliente el horno a 350 grados y agregue todos los ingredientes excepto la masa a un procesador de alimentos. Mezclar hasta que se forme una pasta de nueces. Coloca los filetes en una bandeja y cubre con pasta. Déjalas enfriar en la nevera durante una hora. Hornee por diez minutos. Acomódalos y sírvelos calientes.

Nutrición (100 g): 307 calorías 11 g de grasa 7 g de carbohidratos 34 g de proteína 824 mg de sodio

Quinua De Coliflor

Tiempo de preparación: 15 minutos
TIEMPO DE COCCIÓN: 10 minutos
Porciones: 4
Dificultad: Fácil

Ingredientes:

- 1 1/2 tazas de quinua, cocida
- 3 cucharadas de aceite de oliva
- 3 tazas de floretes de coliflor
- 2 cebollas pequeñas, picadas
- 1 cucharada de vinagre de vino tinto
- sal marina y pimienta negra al gusto
- 1 cucharada de vinagre de vino tinto
- 1 cucharada de garbanzos picados
- 1 cucharada de perejil picado

Indicaciones:

Comienza calentando una sartén a fuego medio-alto. Agrega tu aceite. Cuando el aceite esté caliente, añade las cebollas y cocina durante unos dos minutos. Agrega la quinua y la coliflor, luego agrega el resto de los ingredientes. Mezclar bien y tapar. Hornee durante nueve minutos a fuego medio y divídalo en platos para servir.

Nutrición (100 g): 290 calorías 14 g de grasa 9 g de carbohidratos 26 g de proteína 656 mg de sodio

Cóctel de mango y pera

Tiempo de preparación: 5 minutos
TIEMPO DE COCCIÓN: 0 minutos
Servicios: 1
Dificultad: Fácil

Ingredientes:

- 2 cubitos de hielo
- ½ taza de yogur griego natural
- ½ mango, pelado, pelado y cortado en cubitos
- 1 taza de repollo, rallado
- 1 pera madura, sin corazón y en rodajas

Indicaciones:

Mezclar hasta que la masa se vuelva espesa y homogénea. Servir frío.

Nutrición (100 g): 350 calorías 12 g de grasa 9 g de carbohidratos 40 g de proteína 457 mg de sodio

tortilla de espinacas

Tiempo de preparación: 10 minutos
TIEMPO DE COCCIÓN: 20 minutos
Porciones: 4
Dificultad: Fácil

Ingredientes:

- 3 cucharadas de aceite de oliva
- 1 cebolla pequeña y picada
- 1 diente de ajo, picado
- 4 tomates grandes, cortados y picados
- 1 cucharadita de sal marina, fina
- 8 huevos batidos
- ¼ cucharadita de pimienta negra
- 2 onzas de queso feta, desmenuzado
- 1 cucharada de perejil de hoja plana, fresco y picado

Indicaciones:

Precalienta el horno a 400 grados y vierte el aceite de oliva en una fuente refractaria. Coloca la sartén a fuego alto y agrega las cebollas. Cocine de cinco a siete minutos. Tus cebollas deberían ablandarse.

Agrega los tomates, la sal, la pimienta y el ajo. Luego cocina por otros cinco minutos y agrega los huevos batidos. Revuelva suavemente y cocine durante 3-5 minutos. Deben colocarse en la parte inferior. Mete el molde en el horno y hornea por otros cinco minutos. Retirar del horno, decorar con perejil y rodajas. Servir caliente.

Nutrición (100 g): 280 calorías 19 g de grasa 10 g de carbohidratos 31 g de proteína 625 mg de sodio

Tortitas con almendras

Tiempo de preparación: 15 minutos
TIEMPO DE COCCIÓN: 15 minutos
Porciones: 6
Dificultad: Fácil

Ingredientes:

- 2 tazas de leche de almendras, sin azúcar y a temperatura ambiente
- 2 huevos, grandes y a temperatura ambiente
- ½ taza de aceite de coco, derretido + más para cubrir
- 2 cucharaditas de miel cruda
- ¼ de cucharadita de sal marina, fina
- ½ cucharadita de bicarbonato de sodio
- 1 ½ tazas de harina integral
- ½ taza de harina de almendras
- 1 cucharadita y media de levadura en polvo
- ¼ cucharadita de canela molida

Indicaciones:

Tome un tazón grande y mezcle el aceite de coco, los huevos, la leche de almendras y la miel, revolviendo hasta que estén bien combinados.

Tome un tazón mediano y tamice el polvo de hornear, el bicarbonato de sodio, la harina de almendras, la sal marina, la harina de trigo y la canela. Mezclar bien.

Agrega la mezcla de harina a la mezcla de leche y mezcla bien.

Toma una sartén grande y cúbrela con aceite de coco antes de colocarla a fuego medio-alto. Agrega ½ taza de masa para panqueques.

Hornee por tres minutos o hasta que los bordes estén firmes. El fondo del panqueque debe estar dorado y las burbujas deben salir a la superficie. Cocine por ambos lados.

Limpia la sartén y repite hasta usar toda la masa. Asegúrate de engrasar la sartén nuevamente y decorar con fruta fresca si lo deseas.

Nutrición (100 g): 205 calorías 16 g de grasa 9 g de carbohidratos 36 g de proteína 828 mg de sodio

Ensalada de frutas con quinoa

Tiempo de preparación: 25 minutos
TIEMPO DE COCCIÓN: 0 minutos
Porciones: 4
Dificultad: Fácil

Ingredientes:

- 2 cucharadas de miel cruda
- 1 taza de fresas, frescas y rebanadas
- 2 cucharadas de jugo de lima, fresco
- 1 cucharadita de albahaca fresca y picada
- 1 taza de quinua, cocida
- 1 mango, pelado, sin corazón y cortado en cubitos
- 1 taza de bayas, frescas
- 1 durazno sin corazón y cortado en cubitos
- 2 kiwis, pelados y cortados en cuartos

Indicaciones:

Comienza mezclando el jugo de limón, la albahaca y la miel en un tazón pequeño. En otro bol, combine las fresas, la quinua, las moras, los melocotones, los kiwis y los mangos. Agrega la mezcla de miel y fríe antes de servir.

Nutrición (100 g): 159 calorías 12 g de grasa 9 g de carbohidratos 29 g de proteína 829 mg de sodio

Cóctel de fresa y ruibarbo

Tiempo de preparación: 8 minutos
TIEMPO DE COCCIÓN: 0 minutos
Servicios: 1
Dificultad: Fácil

Ingredientes:

- 1 taza de fresas, frescas y rebanadas
- 1 tallo de ruibarbo picado
- 2 cucharadas de miel cruda
- 3 cubitos de hielo
- 1/8 cucharadita de canela molida
- ½ taza de yogur griego natural

Indicaciones:

Empieza sacando una olla pequeña y llenándola de agua. Llevar a ebullición a fuego alto y luego agregar el ruibarbo. Cocine durante tres minutos antes de escurrir y colocar en una licuadora.

Agrega el yogur, la miel, la canela y las fresas a una licuadora. Agregue hielo cuando esté frío. Mezclar hasta que no queden grumos y quede espeso. Disfruta del frío.

Nutrición (100 g): 201 calorías 11 g de grasa 9 g de carbohidratos 39 g de proteína 657 mg de sodio

Gachas de cebada

Tiempo de preparación: 10 minutos
TIEMPO DE COCCIÓN: 20 minutos
Porciones: 4
Dificultad: Fácil

Ingredientes:

- 1 taza de germen de trigo
- 1 taza de cebada
- 2 tazas de leche de almendras, sin azúcar + más para servir
- ½ taza de arándanos
- ½ taza de semillas de granada
- 2 vasos de agua
- ½ taza de avellanas, tostadas y picadas
- ¼ de taza de miel, cruda

Indicaciones:

Toma una cacerola, colócala a fuego medio-alto, luego agrega la leche de almendras, el agua, la cebada y el germen de trigo. Llevar a ebullición y dejar cocinar a fuego lento durante veinticinco minutos antes de reducir el fuego. Revuelva con frecuencia. Tus frijoles deberían ablandarse.

Cubra cada porción con arándanos, semillas de granada, avellanas, una cucharada de miel y un chorrito de leche de almendras.

Nutrición (100 g): 150 calorías 10 g de grasa 9 g de carbohidratos 29 g de proteína 546 mg de sodio

Cóctel de calabaza y jengibre

Tiempo de preparación: 15 minutos
TIEMPO DE COCCIÓN: 50 minutos
Servicios: 1
Dificultad: Fácil

Ingredientes:

- 1 taza de leche de almendras, sin azúcar
- 2 cucharaditas de semillas de chía
- 1 plátano
- ½ taza de puré de calabaza enlatado
- ¼ cucharadita de jengibre molido
- ¼ cucharadita de canela molida
- 1/8 cucharadita de nuez moscada, molida

Indicaciones:

Comience sacando un bol y mezclando las semillas de chai y la leche de almendras. Déjelo en remojo durante al menos una hora, pero puede hacerlo durante la noche. Ponlos en una licuadora.

Agregue los ingredientes restantes y mezcle hasta que quede suave. Servir frío.

Nutrición (100 g): 250 calorías 13 g de grasa 7 g de carbohidratos 26 g de proteína 621 mg de sodio

jugo verde

Tiempo de preparación: 5 minutos
TIEMPO DE COCCIÓN: 0 minutos
Servicios: 1
Dificultad: Fácil

Ingredientes:

- 3 tazas de vegetales de hojas verde oscuro
- 1 pepino
- ¼ de taza de perejil italiano fresco
- ¼ de piña, cortada en trozos
- ½ manzana verde
- ½ naranja
- ½ limón
- Una pizca de jengibre recién rallado

Indicaciones:

Haga puré las verduras, el pepino, el perejil, la piña, la manzana, la naranja, el limón y el jengibre en un exprimidor, vierta en un bol grande y sirva.

Nutrición (100 g): 200 calorías 14 g de grasa 6 g de carbohidratos 27 g de proteína 541 mg de sodio

Pochlebc con nueces y dátiles

Tiempo de preparación: 10 minutos
TIEMPO DE COCCIÓN: 0 minutos
Servicios: 2
Dificultad: Fácil

Ingredientes:

- 4 dátiles sin hueso
- ½ taza de leche
- 2 tazas de yogur griego natural
- 1/2 taza de nueces
- ½ cucharadita de canela molida
- ½ cucharadita de extracto de vainilla, puro
- 2-3 cubitos de hielo

Indicaciones:

Mezclar todo hasta que quede suave y luego servir frío.

Nutrición (100 g): 109 calorías 11 g de grasa 7 g de carbohidratos 29 g de proteína 732 mg de sodio

Cóctel de frutas y leche

Tiempo de preparación: 5 minutos
TIEMPO DE COCCIÓN: 0 minutos
Servicios: 2
Dificultad: Fácil

Ingredientes:

- 2 tazas de arándanos
- 2 tazas de leche de almendras sin azúcar
- 1 taza de hielo picado
- ½ cucharadita de jengibre molido

Indicaciones:

Agrega los arándanos, la leche de almendras, el hielo y el jengibre a una licuadora. Mezclar hasta que esté suave.

Nutrición (100 g): 115 calorías 10 g de grasa 5 g de carbohidratos 27 g de proteína 912 mg de sodio

Cóctel de chocolate y plátano

Tiempo de preparación: 5 minutos
TIEMPO DE COCCIÓN: 0 minutos
Servicios: 2
Dificultad: Fácil

Ingredientes:

- 2 plátanos pelados
- 1 taza de leche desnatada
- 1 taza de hielo picado
- 3 cucharadas de cacao en polvo sin azúcar
- 3 cucharadas de miel

Indicaciones:

Combine los plátanos, la leche de almendras, el hielo, el cacao en polvo y la miel en una licuadora. Mezclar hasta obtener una masa homogénea.

Nutrición (100 g): 150 calorías 18 g de grasa 6 g de carbohidratos 30 g de proteína 821 mg de sodio

Yogur con arándanos, miel y menta

Tiempo de preparación: 5 minutos
TIEMPO DE COCCIÓN: 0 minutos
Servicios: 2
Dificultad: Fácil

Ingredientes:

- 2 tazas de yogur griego bajo en grasa y sin azúcar
- 1 taza de arándanos
- 3 cucharadas de miel
- 2 cucharadas de hojas de menta fresca picadas

Indicaciones:

Divide el yogur en 2 tazones. Cubra con arándanos, miel y menta.

Nutrición (100 g): 126 calorías 12 g de grasa 8 g de carbohidratos 37 g de proteína 932 mg de sodio

Parfait con frutos rojos y yogur

Tiempo de preparación: 5 minutos
TIEMPO DE COCCIÓN: 0 minutos
Servicios: 2
Dificultad: Fácil

Ingredientes:

- 1 taza de frambuesas
- 1½ tazas de yogur griego bajo en grasa y sin azúcar
- 1 taza de bayas
- ¼ taza de nueces picadas

Indicaciones:

Coloque las frambuesas, el yogur y las bayas en 2 tazones. Espolvorea con nueces.

Nutrición (100 g): 119 calorías 13 g de grasa 7 g de carbohidratos 28 g de proteína 732 mg de sodio

Avena con frutos rojos y girasoles

Tiempo de preparación: 5 minutos
TIEMPO DE COCCIÓN: 10 minutos
Porciones: 4
Dificultad: Fácil

Ingredientes:

- 1 vaso de agua
- ½ taza de leche de almendras sin azúcar
- una pizca de sal
- 1 taza de avena a la antigua
- ½ taza de arándanos
- ½ taza de frambuesas
- ¼ de taza de semillas de girasol

Indicaciones:

En una cacerola mediana, hierva agua con leche de almendras y sal marina a fuego medio.

Agrega avena. Reduzca el fuego a medio-bajo y continúe cocinando durante 5 minutos, revolviendo. Cubra y deje reposar la avena por otros 2 minutos. Revuelva y sirva cubierto con arándanos, frambuesas y semillas de girasol.

Nutrición (100 g): 106 calorías 9 g de grasa 8 g de carbohidratos 29 g de proteína 823 mg de sodio

Rápido de almendras y nueces de arce

Tiempo de preparación: 5 minutos
TIEMPO DE COCCIÓN: 10 minutos
Porciones: 4
Dificultad: Fácil

Ingredientes:

- 1 ½ tazas de agua
- ½ taza de leche de almendras sin azúcar
- una pizca de sal
- ½ taza de avena instantánea
- ½ cucharadita de canela en polvo
- ¼ de taza de jarabe de arce puro
- ¼ de taza de almendras fileteadas

Indicaciones:

Coloca el agua, la leche de almendras y la sal marina en una cacerola mediana a fuego medio y deja que hierva.

Revolviendo constantemente con una cuchara de madera, agregue lentamente los granos. Sigue revolviendo para evitar grumos y deja que hierva. Reduce el calor a medio-bajo. Cocine a fuego lento durante unos minutos, revolviendo regularmente, hasta que el agua se absorba por completo. Agregue la canela, el almíbar y las almendras. Cocine por 1 minuto más, revolviendo.

Nutrición (100 g): 126 calorías 10 g de grasa 7 g de carbohidratos 28 g de proteína 851 mg de sodio

Avena Plátano

Tiempo de preparación: 10 minutos
TIEMPO DE COCCIÓN: 10 minutos
Servicios: 2
Dificultad: Fácil

Ingredientes:

- 1 plátano, pelado y rebanado
- ¾ c. leche de almendras
- ½ taza Cafe frio
- 2 dátiles con semillas
- 2 cucharas. polvo de cacao
- 1 c. avena
- 1 cucharadita y media. semillas de chia

Indicaciones:

Combine todos los ingredientes usando una licuadora. Amasar bien durante 5 minutos y servir.

Nutrición (100 g): 288 calorías 4,4 g de grasa 10 g de carbohidratos 5,9 g de proteína 733 mg de sodio

Sandwich de desayuno

Tiempo de preparación: 5 minutos
TIEMPO DE COCCIÓN: 20 minutos
Porciones: 4
Dificultad: Fácil

Ingredientes:

- 4 sándwiches multicereales
- 4 cucharas. aceite de oliva
- 4 huevos
- 1 cucharada. romero, fresco
- 2c. hojas tiernas de espinaca, frescas
- 1 tomate cortado en rodajas
- 1 cucharada. queso feta
- Una pizca de sal kosher
- Pimienta negro

Indicaciones:

Precalienta el horno a 375 F / 190 C. Unta los lados de las rebanadas finas con 2 cucharadas. de aceite de oliva y colocarlas en la sartén. Cocine y tueste durante 5 minutos o hasta que los bordes estén ligeramente dorados.

Agrega el aceite de oliva restante y el romero a una sartén para calentar a fuego alto. Batir y añadir todos los huevos a la sartén uno a uno. La yema aún debe estar líquida, pero la clara debe estar congelada.

Rompe las yemas con una espátula. Voltee el huevo y cocine por el otro lado hasta que esté cocido. Retire los huevos del fuego. Coloque las rebanadas de sándwich tostadas en 4 platos separados. Las divinas espinacas entre las delicias.

Coloque finamente dos rodajas de tomate, un huevo duro y 1 cucharada. queso feta. Espolvorea ligeramente con sal y pimienta para sazonar. Cubra con mitades finas de sándwich y estarán listas para servir.

Nutrición (100 g): 241 calorías 12,2 g de grasa 60,2 g de carbohidratos 21 g de proteína 855 mg de sodio

Cuscús de desayuno

Tiempo de preparación: 10 minutos
TIEMPO DE COCCIÓN: 8 minutos
Porciones: 4
Nivel de dificultad: medio

Ingredientes:

- 3c. leche desnatada
- 1 c. cuscús entero, crudo
- 1 rama de canela
- ½ albaricoque, cortado y seco
- ¼ taza pasas, secas
- 6 cucharas. azúcar morena
- ¼ cucharadita sal
- 4 cucharas. mantequilla derretida

Indicaciones:

Toma una olla grande, mezcla la leche y la ramita de canela y caliéntala a fuego medio. Calienta durante 3 minutos o hasta que se formen microburbujas alrededor de los bordes de la sartén. No cocines. Retire del fuego, agregue el cuscús, los albaricoques, las pasas, la sal y 4 cucharadas. Azúcar morena. Tapar la mezcla y dejar actuar 15 minutos. Retire y deseche la ramita de canela. Divida el cuscús en 4 tazones y cubra cada uno con 1 cucharada. mantequilla derretida y ½ cucharadita. Azúcar morena. Listo para servir.

Nutrición (100 g): 306 calorías 6 g de grasa 5 g de carbohidratos 9 g de proteína 944 mg de sodio

Batido de aguacate y manzana

Tiempo de preparación: 5 minutos
TIEMPO DE COCCIÓN: 0 minutos
Servicios: 2
Dificultad: Fácil

Ingredientes:

- 3c. espinaca
- 1 manzana verde con corazón, en rodajas
- 1 aguacate, sin hueso, pelado y cortado en cubitos
- 3 cucharas. semillas de chia
- 1 cucharadita. Miel
- 1 plátano congelado, pelado
- 2c. leche de coco

Indicaciones:

Combine todos los ingredientes usando una licuadora. Revuelve bien durante 5 minutos para obtener una consistencia suave y sirve en vasos.

Nutrición (100 g): 208 calorías 10,1 g de grasa 6 g de carbohidratos 7 g de proteína 924 mg de sodio

Mini tortilla

Tiempo de preparación: 10 minutos
TIEMPO DE COCCIÓN: 20 minutos
Porciones: 8
Dificultad: Fácil

Ingredientes:

- 1 cebolla amarilla, picada
- 1 c. Queso parmesano rallado
- 1 pimiento amarillo picado
- 1 pimiento rojo molido
- 1 calabacín picado
- Sal y pimienta negra
- Un chorrito de aceite de oliva
- 8 huevos batidos
- 2 cucharas. garbanzos picados

Indicaciones:

Coloca una sartén a fuego medio-alto. Calienta el aceite. Agrega todos los ingredientes excepto los garbanzos y los huevos. Hornee por unos 5 minutos.

Rompe los huevos en el molde para muffins y decora con cebollino. Precalienta el horno a 350 F / 176 C. Coloca el molde para muffins en el horno para hornear durante unos 10 minutos. Sirve los huevos en un plato con las verduras asadas.

Nutrición (100 g): 55 calorías 3 g de grasa 0,7 g de carbohidratos 9 g de proteína 844 mg de sodio

Avena con tomate secado al sol

Tiempo de preparación: 10 minutos
TIEMPO DE COCCIÓN: 25 minutos
Porciones: 4
Dificultad: Fácil

Ingredientes:

- 3c. agua
- 1 c. leche de almendras
- 1 cucharada. aceite de oliva
- 1 c. avena cortada en acero
- ¼ taza tomates secados al sol picados
- Una pizca de hojuelas de pimiento rojo

Indicaciones:

En una cacerola, agregue el agua y la leche para mezclar. Colocar a fuego medio y llevar a ebullición. Prepara otra sartén a fuego medio-alto. Calienta el aceite y agrega la avena para sofreír por 2 minutos. Transfiera a la primera sartén y a los tomates, luego revuelva. Déjalo cocinar durante unos 20 minutos. Colóquelo en un plato para servir y decore con hojuelas de chile. Disfrutar.

Nutrición (100 g): 170 calorías 17,8 g de grasa 1,5 g de carbohidratos 10 g de proteína 645 mg de sodio

huevos en aguacates

Tiempo de preparación: 5 minutos
TIEMPO DE COCCIÓN: 15 minutos
Porciones: 6
Dificultad: Fácil

Ingredientes:

- 1 cucharadita. polvo de ajo
- ½ cucharadita sal marina
- ¼ taza Queso parmesano rallado
- ¼ cucharadita Pimienta negra
- 3 aguacates sin semillas, cortados a la mitad
- 6 huevos

Indicaciones:

Prepara los muffins y precalienta el horno a 350 F / 176 C. Divide el aguacate. Raspe suavemente 1/3 de la pulpa para que el huevo quepa dentro de la cavidad del aguacate.

Coloca el aguacate en el molde para muffins, de manera que quede encima. Sazone cada aguacate uniformemente con pimienta, sal y ajo en polvo. Rompe un huevo en cada cavidad de aguacate y decora la parte superior con queso. Colocar en el horno para hornear hasta que la clara de huevo esté cuajada, unos 15 minutos. Servir y disfrutar.

Nutrición (100 g): 252 calorías 20 g de grasa 2 g de carbohidratos 5 g de proteína 946 mg de sodio

Egg Brekky - una bolsa de patatas

Tiempo de preparación: 10 minutos
TIEMPO DE COCCIÓN: 25 minutos
Servicios: 2
Dificultad: Fácil

Ingredientes:

- 1 calabacín cortado en cubitos
- ½ taza Sopa de pollo
- 1/2 libra o 220 g de pollo cocido
- 1 cucharada. aceite de oliva
- 4 onzas. o 113 g de camarones
- Sal y pimienta negra
- 1 camote en cubitos
- 2 huevos
- ¼ cucharadita pimenton
- 2 cucharas. polvo de ajo
- 1 c. espinacas frescas

Indicaciones:

Agrega aceite de oliva a la sartén. Freír los camarones, el pollo hervido y los boniatos durante 2 minutos. Agregue el pimiento rojo, el ajo en polvo y revuelva durante 4 minutos. Agrega la calabaza y revuelve por otros 3 minutos.

Rompe los huevos en un bol y agrégalos a la sartén. Condimentar con sal y pimienta. Cubrir con una tapa. Cocine por 1 minuto más y agregue el caldo de pollo.

Tape y cocine por otros 8 minutos a fuego alto. Agrega las espinacas, revuelve por otros 2 minutos y sirve.

Nutrición (100 g): 198 calorías 0,7 g de grasa 7 g de carbohidratos 10 g de proteína 725 mg de sodio

Sopa de tomate y albahaca

Tiempo de preparación: 10 minutos
TIEMPO DE COCCIÓN: 25 minutos
Servicios: 2
Nivel de dificultad: medio

Ingredientes:

- 2 cucharas. sopa de verduras
- 1 diente de ajo picado
- ½ taza cebolla blanca
- 1 tallo de apio picado
- 1 zanahoria rallada
- 3c. tomates, picados
- Sal y pimienta
- 2 hojas de laurel
- 1 ½ taza leche de almendras sin azúcar
- 1/3 taza hojas de albahaca

Indicaciones:

Hierva el caldo de verduras en una olla grande a fuego medio. Agrega el ajo y la cebolla y cocina por 4 minutos. Agrega las zanahorias y el apio. Cocine por 1 minuto más.

Agrega los tomates y déjalos cocinar. Hervir durante 15 minutos. Agrega la leche de almendras, la albahaca y las hojas de laurel. Mezcle y sirva.

Nutrición (100 g): 213 calorías 3,9 g de grasa 9 g de carbohidratos 11 g de proteína 817 mg de sodio

Humus de calabaza

Tiempo de preparación: 10 minutos
TIEMPO DE COCCIÓN: 15 minutos
Porciones: 4
Dificultad: Fácil

Ingredientes:

- 2 kilogramos o 900 gramos de calabaza sin semillas, pelada
- 1 cucharada. aceite de oliva
- ¼ taza tahini
- 2 cucharas. jugo de limon
- 2 dientes de ajo picado
- Sal y pimienta

Indicaciones:

Precalienta el horno a 300 F / 148 C. Unta la calabaza con aceite de oliva. Colocar en una bandeja para hornear en el horno durante 15 minutos. Una vez cocida la calabaza, colócala en un procesador de alimentos con el resto de los ingredientes.

Mezclar hasta que esté suave. Sirva con zanahorias y palitos de apio. Para seguir utilizando el sitio en envases individuales, etiquetar y refrigerar. Deje que alcance la temperatura ambiente antes de recalentarlo en el microondas.

Nutrición (100 g): 115 calorías 5,8 g de grasa 6,7 g de carbohidratos 10 g de proteína 946 mg de sodio

bollos laterales

Tiempo de preparación: 10 minutos
TIEMPO DE COCCIÓN: 15 minutos
Porciones: 6
Nivel de dificultad: medio

Ingredientes:

- 9 lonchas de jamón
- 1/3 taza espinacas picadas
- ¼ taza queso feta desmenuzado
- ½ taza pimientos rojos asados picados
- Sal y pimienta negra
- 1 cucharadita y media. pesto de albahaca
- 5 huevos batidos

Indicaciones:

Engrasa un molde para muffins. Use 1,5 rebanadas de tocino para forrar cada molde para muffins. Aparte de la pimienta negra, la sal, el pesto y los huevos, divide el resto de los ingredientes entre los tazones de tocino. En un bol, mezcle la pimienta, la sal, el pesto y los huevos. Vierta la mezcla de pimientos encima. Precalienta el horno a 400 F / 204 C y hornea por unos 15 minutos. Servir inmediatamente.

Nutrición (100 g): 109 calorías 6,7 g de grasa 1,8 g de carbohidratos 9 g de proteína 386 mg de sodio

ensalada escrita

Tiempo de preparación: 10 minutos
TIEMPO DE COCCIÓN: 0 minutos
Servicios: 2
Dificultad: Fácil

Ingredientes:

- 1 cucharada. aceite de oliva
- Sal y pimienta negra
- 1 manojo de espinacas tiernas, picadas
- 1 aguacate, sin hueso, pelado y cortado en cubitos
- 1 diente de ajo picado
- 2c. espelta cocida
- ½ taza tomates cherry, cortados en cubos

Indicaciones:

Ajusta la llama a temperatura media. Vierte aceite en la sartén y caliéntalo. Agrega los ingredientes restantes. Hervir la mezcla durante unos 5 minutos. Colóquelo en platos para servir y disfrute.

Nutrición (100 g): 157 calorías 13,7 g de grasa 5,5 g de carbohidratos 6 g de proteína 615 mg de sodio

Arándanos y dátiles

Tiempo de preparación: 10 minutos
TIEMPO DE COCCIÓN: 20 minutos
Porciones: 10
Dificultad: Fácil

Ingredientes:

- 12 dátiles sin semillas, picados
- 1 cucharadita. Extracto de vainilla
- ¼ taza Miel
- ½ taza avena
- ¾ c. arándanos secos
- ¼ taza almendras derretidas con aceite de aguacate
- 1 c. nueces tostadas y picadas
- ¼ taza Semillas de calabaza

Indicaciones:

Usando un tazón, mezcle todos los ingredientes para combinar.

Coloque una hoja de papel pergamino en una bandeja para hornear. Presione la mezcla en la configuración. Colocar en el frigorífico durante unos 30 minutos. Corta en 10 cuadrados y disfruta.

Nutrición (100 g): 263 calorías 13,4 g de grasa 14,3 g de carbohidratos 7 g de proteína 845 mg de sodio

Tortilla de lentejas y queso cheddar

Tiempo de preparación: 5 minutos
TIEMPO DE COCCIÓN: 17 minutos
Porciones: 4
Dificultad: Fácil

Ingredientes:

- 1 cebolla morada picada
- 2 cucharas. aceite de oliva
- 1 c. batatas hervidas, en rodajas
- ¾ c. jamón picado
- 4 huevos batidos
- ¾ c. lentejas hervidas
- 2 cucharas. yogur griego
- Sal y pimienta negra
- ½ taza tomates cherry cortados por la mitad,
- ¾ c. queso cheddar rallado

Indicaciones:

Ajusta el fuego a medio y coloca la sartén encima. Calienta el aceite. Agregue la cebolla y cocine por unos 2 minutos. Agrega el resto de los ingredientes excepto el queso y los huevos y cocina por otros 3 minutos. Agrega los huevos, decora con queso. Cocine tapado por otros 10 minutos.

Corta la tortilla en rodajas, colócala en un bol y disfruta.

Nutrición (100 g): 274 calorías 17,3 g de grasa 3,5 g de carbohidratos 6 g de proteína 843 mg de sodio

Sandwich de atún

Tiempo de preparación: 5 minutos
TIEMPO DE COCCIÓN: Cinco minutos
Servicios: 2
Dificultad: Fácil

Ingredientes:

- 6 onzas. o 170 g de atún en lata, escurrido y molido
- 1 aguacate, pelado, sin corazón y picado
- 4 rebanadas de pan grueso
- Un poco de sal y pimienta negra
- 1 cucharada. queso feta desmenuzado
- 1 c. espinacas tiernas

Indicaciones:

En un bol, combine la pimienta, la sal, el atún y el queso. Unta el puré de aguacate sobre las rebanadas de pan.

De manera similar, divide la mezcla de atún y espinacas en 2 rebanadas. Coloca las 2 rebanadas restantes encima. Servir.

Nutrición (100 g): 283 calorías 11,2 g de grasa 3,4 g de carbohidratos 8 g de proteína 754 mg de sodio

ensalada escrita

Tiempo de preparación: 15 minutos
TIEMPO DE COCCIÓN: 30 minutos
Porciones: 4
Nivel de dificultad: medio

Ingredientes:

- <u>ensalada</u>
  - 2 ½ tazas de caldo de verduras
  - ¾ taza de queso feta desmenuzado
  - 1 lata de garbanzos escurridos
  - 1 pepino en rodajas
  - 1 ½ tazas de perlas de espelta
  - 1 cucharada de aceite de oliva
  - ½ cebolla en rodajas
  - 2 tazas de espinacas tiernas, picadas
  - 1 litro de tomates cherry
  - 1 ¼ taza de agua
- <u>Especias:</u>
  - 2 cucharadas de jugo de limón
  - 1 cucharada de miel
  - ¼ taza de aceite de oliva
  - ¼ cucharadita de orégano
  - 1 pizca de pimiento rojo
  - ¼ cucharadita de sal

- 1 cucharada de vinagre de vino tinto

Indicaciones:

Calienta el aceite en el sarten. Agrega la espelta y cocina por un minuto. Asegúrese de revolver regularmente mientras cocina. Agrega el agua y el caldo, luego deja que hierva. Reduzca el fuego y cocine a fuego lento hasta que las semillas estén tiernas, aproximadamente 30 minutos. Escurrir el agua y poner la espelta en un bol.

Agrega las espinacas y revuelve. Dejar enfriar durante unos 20 minutos. Agrega el pepino, la cebolla, los tomates, los pimientos, los garbanzos y el queso feta. Mezclar bien para obtener una buena mezcla. Da un paso atrás y prepara la salsa.

Combina todos los ingredientes de la salsa y mezcla bien hasta obtener una masa homogénea. Vierta en un bol y mezcle bien. Ajustar bien al gusto.

Nutrición (100 g): 365 calorías 10 g de grasa 43 g de carbohidratos 13 g de proteína 845 mg de sodio

Ensalada de garbanzos y calabacín

Tiempo de preparación: 10 minutos
TIEMPO DE COCCIÓN: 0 minutos
Servicios: 3
Dificultad: Fácil

Ingredientes:

- ¼ de taza de vinagre balsámico
- 1/3 taza de hojas de albahaca picadas
- 1 cucharada de alcaparras escurridas y picadas
- ½ taza de queso feta desmenuzado
- 1 lata de garbanzos escurridos
- 1 diente de ajo picado
- ½ taza de aceitunas Kalamata, picadas
- 1/3 taza de aceite de oliva
- ½ taza de cebolla dulce, picada
- ½ cucharadita de orégano
- 1 pizca de pimiento rojo molido
- ¾ taza de pimiento rojo, cortado en cubitos
- 1 cucharada de romero picado
- 2 tazas de calabacín, cortado en cubitos
- Sal y pimienta para probar

Indicaciones:

Mezclar las verduras en un bol y tapar bien.

Servir a temperatura ambiente. Sin embargo, para obtener mejores resultados, refrigere el tazón durante unas horas antes de servir para permitir que los sabores se mezclen.

Nutrición (100 g): 258 calorías 12 g de grasa 19 g de carbohidratos 5,6 g de proteína 686 mg de sodio

Ensalada de alcachofas provenzales

Tiempo de preparación: 15 minutos
TIEMPO DE COCCIÓN: Cinco minutos
Servicios: 3
Dificultad: Fácil

Ingredientes:

- 250 g de corazones de alcachofa
- 1 cucharadita de albahaca picada
- 2 dientes de ajo, picados
- 1 cáscara de limón
- 1 cucharada de aceitunas picadas
- 1 cucharada de aceite de oliva
- ½ cebolla picada
- 1 pizca, ½ cucharadita de sal
- 2 tomates, picados
- 3 cucharadas de agua
- ½ vaso de vino blanco
- Sal y pimienta para probar

Indicaciones:

Calienta el aceite en el sarten. Freír la cebolla y el ajo. Freír hasta que la cebolla se vuelva transparente y sazonar con un poco de sal. Añade el vino blanco y cocina a fuego lento hasta que el vino se reduzca a la mitad.

Agrega la pulpa de tomate, los corazones de alcachofa y el agua. Llevar a fuego lento, luego agregar la ralladura de limón y aproximadamente ½ cucharadita de sal. Tapar y cocinar durante unos 6 minutos.

Agrega las aceitunas y la albahaca. ¡Sazona bien y disfruta!

Nutrición (100 g): 147 calorías 13 g de grasa 18 g de carbohidratos 4 g de proteína 689 mg de sodio

ensalada búlgara

Tiempo de preparación: 10 minutos
TIEMPO DE COCCIÓN: 20 minutos
Servicios: 2
Nivel de dificultad: medio

Ingredientes:

- 2 tazas de bulgur
- 1 cucharada de mantequilla
- 1 pepino, cortado en trozos
- ¼ de taza de hinojo
- ¼ de taza de aceitunas negras, cortadas a la mitad
- 1 cucharada, 2 cucharaditas de aceite de oliva
- 4 vasos de agua
- 2 cucharaditas de vinagre de vino tinto
- suficiente sal

Indicaciones:

En una olla sofreír el bulgur en una mezcla de mantequilla y aceite de oliva. Cocine hasta que el bulgur esté dorado y comience a desmoronarse.

Agrega agua y sal. Envuelva todo y cocine a fuego lento durante unos 20 minutos o hasta que el bulgur esté suave.

En un bol mezclar las rodajas de pepino con el aceite de oliva, el eneldo, el vinagre de vino tinto y las aceitunas negras. Mezclar todo bien.

Mezclar pepino y bulgur.

Nutrición (100 g): 386 calorías 14 g de grasa 55 g de carbohidratos 9 g de proteína 545 mg de sodio

Ensaladera de falafel

Tiempo de preparación: 15 minutos
TIEMPO DE COCCIÓN: Cinco minutos
Servicios: 2
Dificultad: Fácil

Ingredientes:

- 1 cucharada de salsa de ajo picante
- 1 cucharada de salsa de ajo e hinojo
- 1 paquete de falafel vegetariano
- 1 caja de hummus
- 2 cucharadas de jugo de limón
- 1 cucharada de aceitunas Kalamata deshuesadas
- 1 cucharada de aceite de oliva virgen extra
- 1/4 taza de cebolla, picada
- 2 tazas de perejil picado
- 2 tazas de pan pita crujiente
- 1 pizca de sal
- 1 cucharada de salsa tahini
- ½ taza de tomates cortados en cubitos

Indicaciones:

Cocine el falafel preparado. Ponlo a un lado. Haz una ensalada. Mezcla perejil, cebolla, tomate, jugo de limón, aceite de oliva y sal. Deseche todo y reserve. Transfiera todo a tazones para servir. Agrega el perejil y cubre con hummus y falafel. Rocíe el tazón con salsa tahini, salsa de chile y ajo y salsa de hinojo. Al servir, agregue jugo de limón y mezcle bien la ensalada. Sirva con pan de pita a un lado.

Nutrición (100 g): 561 calorías 11 g de grasa 60,1 g de carbohidratos 18,5 g de proteína 944 mg de sodio

Ensalada griega ligera

Tiempo de preparación: 15 minutos
TIEMPO DE COCCIÓN: 0 minutos
Servicios: 2
Dificultad: Fácil

Ingredientes:

- 120 g de queso feta griego cortado en cubos
- 5 pepinos cortados a lo largo
- 1 cucharadita de miel
- 1 limón, masticado y rallado
- 1 taza de aceitunas Kalamata, sin hueso y partidas por la mitad
- ¼ de taza de aceite de oliva virgen extra
- 1 cebolla, picada
- 1 cucharadita de orégano
- 1 pizca de orégano fresco (para decorar)
- 12 tomates, en cuartos
- ¼ de taza de vinagre de vino tinto
- Sal y pimienta para probar

Indicaciones:

En un bol, remoja las cebollas en agua con sal durante 15 minutos. En un tazón grande, combine la miel, el jugo de limón, la ralladura de limón, el orégano, la sal y la pimienta. Mezclar todo. Agrega poco a poco el aceite de oliva, revolviendo sobre la marcha, hasta que se incorpore el aceite. Agrega las aceitunas y los tomates. Hazlo bien. Agrega los pepinos

Escurre las cebollas remojadas en agua con sal y agrégalas a la mezcla de ensalada. Espolvorea la ensalada con orégano fresco y queso feta. Rocíe con aceite de oliva y sazone con pimienta al gusto.

Nutrición (100 g): 292 calorías 17 g de grasa 12 g de carbohidratos 6 g de proteína 743 mg de sodio

Ensalada de rúcula con higos y nueces

Tiempo de preparación: 15 minutos

TIEMPO DE COCCIÓN: 10 minutos

Servicios: 2

Dificultad: Fácil

Ingredientes:

- 150 g de rúcula
- 1 zanahoria rallada
- 1/8 cucharadita de pimienta de cayena
- 3 onzas de queso de cabra, rallado
- 1 tarro de garbanzos sin sal, escurridos
- ½ taza de higos secos, cortados en trozos
- 1 cucharadita de miel
- 3 cucharadas de aceite de oliva
- 2 cucharaditas de vinagre balsámico
- Cortar ½ nuez por la mitad
- suficiente sal

Indicaciones:

Precalienta el horno a 175 grados. Combine nueces, 1 cucharada de aceite de oliva, pimienta de cayena y 1/8 de cucharadita de sal en una fuente para horno. Coloca el molde en el horno y hornea hasta que las nueces estén doradas. Reservar cuando esté listo.

En un bol, mezcle la miel, el vinagre balsámico, 2 cucharadas de aceite y ¾ de cucharadita de sal.

En un tazón grande, combine la rúcula, las zanahorias y los higos. Agrega las nueces y el queso de cabra y rocía con la vinagreta de miel y balsámico. Asegúrate de cubrir todo.

Nutrición (100 g): 403 calorías 9 g de grasa 35 g de carbohidratos 13 g de proteína 844 mg de sodio

Ensalada de coliflor con vinagreta de tahini

Tiempo de preparación: 15 minutos
TIEMPO DE COCCIÓN: Cinco minutos
Servicios: 2
Nivel de dificultad: medio

Ingredientes:

- 1 ½ libras de coliflor
- ¼ de taza de cerezas secas
- 3 cucharadas de jugo de limón
- 1 cucharada de menta fresca, picada
- 1 cucharadita de aceite de oliva
- ½ taza de perejil picado
- 3 cucharadas de pistachos tostados salados, picados
- ½ cucharadita de sal
- ¼ de taza de chalotes, picados
- 2 cucharadas de tahini

Indicaciones:

Ralla la coliflor en un bol apto para microondas, añade el aceite de oliva y ¼ de sal. Asegúrate de cubrir y esparcir la coliflor de manera uniforme. Envuelve el recipiente en film transparente y caliéntalo en el microondas durante unos 3 minutos.

Coloque el arroz integral en una bandeja para hornear y déjelo enfriar durante unos 10 minutos. Agrega el jugo de limón y la cebolla. Déjalo reposar para que la coliflor absorba el sabor.

Agrega la mezcla de tahini, las cerezas, el perejil, la menta y la sal. Mezclar todo bien. Espolvorea con pistachos tostados antes de servir.

Nutrición (100 g): 165 calorías 10 g de grasa 20 g de carbohidratos 6 g de proteína 651 mg de sodio

Ensalada de patatas mediterránea

Tiempo de preparación: 15 minutos

TIEMPO DE COCCIÓN: 10 minutos

Servicios: 2

Dificultad: Fácil

Ingredientes:

- 1 manojo de hojas de albahaca, picadas
- 1 diente de ajo, picado
- 1 cucharada de aceite de oliva
- 1 cebolla, picada
- 1 cucharadita de orégano
- 100 g de pimiento rojo asado. rebanadas
- 300 g de patatas cortadas por la mitad
- 1 lata de tomates cherry
- Sal y pimienta para probar

Indicaciones:

Freír las cebollas en una olla. Agrega el orégano y el ajo. Hervir todo por un minuto. Agrega los pimientos y los tomates. Rocíe bien y luego cocine a fuego lento durante unos 10 minutos. Ponlo a un lado.

Hervir las patatas en una olla con abundante agua con sal. Cocine hasta que estén tiernos, unos 15 minutos. Escurrir bien. Mezclar las patatas con la salsa y añadir la albahaca y las aceitunas. Finalmente, mezcla todo antes de servir.

Nutrición (100 g):111 calorías 9 g de grasa 16 g de carbohidratos 3 g de proteína 745 mg de sodio

Ensalada de quinua y pistachos

Tiempo de preparación: 10 minutos

TIEMPO DE COCCIÓN: 15 minutos

Servicios: 2

Dificultad: Fácil

Ingredientes:

- ¼ cucharadita de comino
- ½ taza de pasas secas
- 1 cucharadita de piel de limón rallada
- 2 cucharadas de jugo de limón
- ½ taza de cebollas verdes, picadas
- 1 cucharada de menta picada
- 2 cucharadas de aceite de oliva virgen extra
- ¼ taza de perejil picado
- ¼ cucharadita de pimienta molida
- 1/3 taza de pistachos picados
- 1 ¼ tazas de quinua cruda
- 1 2/3 tazas de agua

Indicaciones:

Combine 1 2/3 tazas de agua, pasas y quinua en una cacerola. Lleva todo a ebullición y luego baja el fuego. Cocine todo a fuego lento durante unos 10 minutos y deje que la quinoa forme espuma. Reservar durante unos 5 minutos. Coloca la mezcla de quinua en un bol. Agrega las nueces, la menta, la cebolla y el perejil. Mezclar todo. En un recipiente aparte, combine la ralladura de limón, el jugo de limón, las pasas, el comino y el aceite. Derrótalos juntos. Mezclar ingredientes secos y húmedos.

Nutrición (100 g): 248 calorías 8 g de grasa 35 g de carbohidratos 7 g de proteína 914 mg de sodio

Ensalada de pollo y pepino con salsa picante de maní

Tiempo de preparación: 15 minutos
TIEMPO DE COCCIÓN: 0 minutos
Servicios: 2
Nivel de dificultad: medio

Ingredientes:

- 1/2 taza de mantequilla de maní
- 1 cucharada de sambal oelek (pasta de chile)
- 1 cucharada de salsa de soja baja en sodio
- 1 cucharadita de aceite de sésamo tostado
- 4 cucharadas de agua o más si es necesario
- 1 pepino, pelado y cortado en tiras finas
- 1 filete de pollo hervido, cortado en tiras finas
- 2 cucharadas de maní picado

Indicaciones:

Mezcle la mantequilla de maní, la salsa de soja, el aceite de sésamo, el sambal oelek y el agua en un bol. Coloca las rodajas de pepino en un plato. Adorne con pollo picado y rocíe con salsa. Espolvorea con maní picado.

Nutrición (100 g): 720 calorías 54 g de grasa 8,9 g de carbohidratos 45,9 g de proteína 733 mg de sodio

Paella de verduras

Tiempo de preparación: 25 minutos

TIEMPO DE COCCIÓN: 45 minutos

Porciones: 6

Nivel de dificultad: medio

Ingredientes:

- ¼ taza de aceite de oliva
- 1 cebolla dulce grande
- 1 pimiento rojo grande
- 1 pimiento verde grande
- 3 dientes de ajo, finamente picados
- 1 cucharadita de pimentón ahumado
- 5 hebras de azafrán
- 1 calabacín, cortado en cubos de ½ pulgada
- 4 tomates maduros grandes, pelados, sin corazón y picados
- 1 1/2 tazas de arroz español de grano corto
- 3 vasos de sopa de verduras calentada

Indicaciones:

Precalienta el horno a 350° F. Calienta el aceite de oliva a fuego medio. Agregue la cebolla, los pimientos rojos y verdes y cocine por 10 minutos.

Añade el ajo, el pimentón, las hebras de azafrán, el calabacín y los tomates. Reduzca el fuego a medio y cocine por 10 minutos.

Agregue el arroz y el caldo de verduras. Aumenta el fuego para que la paella hierva. Reduzca el fuego a medio y cocine por 15 minutos. Envolvemos el molde con papel de aluminio y lo metemos al horno.

Cocine por 10 minutos o hasta que se absorba el líquido.

Nutrición (100 g): 288 calorías 10 g de grasa 46 g de carbohidratos 3 g de proteína 671 mg de sodio

Cazuela De Berenjenas Y Arroz

Tiempo de preparación: 30 minutos

TIEMPO DE COCCIÓN: 35 minutos

Porciones: 4

Dificultad: Difícil

Ingredientes:

- <u>para la salsa</u>
- ½ taza de aceite de oliva
- 1 cebolla pequeña, picada
- 4 dientes de ajo, prensados
- 6 tomates maduros, pelados y picados
- 2 cucharadas de pasta de tomate
- 1 cucharadita de orégano seco
- ¼ cucharadita de nuez moscada molida
- ¼ cucharadita de comino molido
- <u>para una olla</u>
- 4 berenjenas japonesas de 6 pulgadas, cortadas por la mitad a lo largo
- 2 cucharadas de aceite de oliva
- 1 taza de arroz cocido
- 2 cucharadas de piñones tostados
- 1 vaso de agua

Indicaciones:

para hacer la salsa

Calienta el aceite de oliva en una cacerola de fondo grueso a fuego medio. Agrega la cebolla y cocina por 5 minutos. Agrega el ajo, los tomates, la pasta de tomate, el orégano, la nuez moscada y el comino. Llevar a ebullición, luego reducir el fuego a bajo y cocinar a fuego lento durante 10 minutos. Retirar y reservar.

para hacer una olla

Calienta la parrilla. Mientras la salsa hierve, unta las berenjenas con aceite de oliva y colócalas en una sartén. Hornee durante unos 5 minutos hasta que se doren. Retirar y dejar enfriar. Precaliente el horno a 375° F. Coloque las berenjenas enfriadas, con el lado cortado hacia arriba, en una fuente para hornear de 9x13 pulgadas. Retire con cuidado un poco de carne para dejar espacio para el relleno.

Mezclar en un bol la mitad de la salsa de tomate, el arroz cocido y los piñones. Rellena cada mitad de berenjena con la mezcla de arroz. En el mismo bol, mezcle el resto de la salsa de tomate y el agua. Vierta sobre la berenjena. Cocine tapado durante 20 minutos, hasta que las berenjenas estén tiernas.

Nutrición (100 g): 453 calorías 39 g de grasa 29 g de carbohidratos 7 g de proteína 820 mg de sodio

cuscús de verduras

Tiempo de preparación: 15 minutos
TIEMPO DE COCCIÓN: 45 minutos

Porciones: 8

Dificultad: Difícil

Ingredientes:

- ¼ taza de aceite de oliva
- 1 cebolla, picada
- 4 dientes de ajo, picados
- 2 chiles jalapeños, pinchados con un tenedor en varios lugares
- ½ cucharadita de comino molido
- ½ cucharadita de cilantro molido
- 1 lata (28 oz) de tomates triturados
- 2 cucharadas de pasta de tomate
- 1/8 cucharadita de sal
- 2 hojas de laurel
- 11 vasos de agua, divididos
- 4 zanahorias
- 2 calabacines, cortados en trozos de 2 pulgadas
- 1 calabaza bellota, cortada por la mitad, sin corazón y en rodajas de 1 pulgada de grosor
- 1 lata (15 onzas) de garbanzos, escurridos y enjuagados
- 1/4 taza de limón en conserva picado (opcional)

- 3 tazas de cuscús

Indicaciones:

Calentar el aceite de oliva en una olla de fondo grueso. Agrega la cebolla y cocina por 4 minutos. Agrega el ajo, los jalapeños, el comino y el cilantro. Cocine por 1 minuto. Agrega los tomates, la pasta de tomate, la sal, las hojas de laurel y 8 tazas de agua. Hervir la mezcla.

Agrega las zanahorias, el calabacín y la calabaza y deja que hierva nuevamente. Reduzca un poco el fuego, tape y cocine a fuego lento durante unos 20 minutos, hasta que las verduras estén tiernas pero no empapadas. Tome 2 tazas del líquido de cocción y reserve. Sazone según sea necesario.

Agrega los garbanzos enlatados y los limones (si los usas). Cocine por unos minutos y apague el fuego.

Hierva las 3 tazas de agua restantes en una cacerola mediana a fuego alto. Agrega el cuscús, tapa y apaga el fuego. Deja reposar el cuscús durante 10 minutos. Sazone con 1 taza del líquido de cocción reservado. Revuelva el cuscús con un tenedor.

Colóquelo en un plato grande para servir. Humedecerlo con el líquido restante de la cocción. Retire las verduras de la olla y colóquelas encima. Sirve el resto del guiso en un recipiente aparte.

Nutrición (100 g): 415 calorías 7 g de grasa 75 g de carbohidratos 9 g de proteína 718 mg de sodio

Primo

Tiempo de preparación: 25 minutos

TIEMPO DE COCCIÓN: 1 hora y 20 minutos

Porciones: 8

Dificultad: Difícil

Ingredientes:

- para la salsa
- 2 cucharadas de aceite de oliva
- 2 dientes de ajo, picados
- 1 lata (16 oz) de salsa de tomate
- ¼ taza de vinagre blanco
- ¼ de taza de Harissa o comprada en la tienda
- 1/8 cucharadita de sal
- para arroz
- 1 taza de aceite de oliva
- 2 cebollas, en rodajas finas
- 2 tazas de lentejas marrones secas
- 4 litros más ½ taza de agua, divididos
- 2 tazas de arroz de grano corto
- 1 cucharadita de sal
- 1 libra de fideos de codo corto
- 1 lata (15 onzas) de garbanzos, escurridos y enjuagados

Indicaciones:

para hacer la salsa

Hervir el aceite de oliva en una olla. Freír los ajos. Agregue la salsa de tomate, el vinagre, la harissa y la sal. Hervir la salsa. Reduzca el fuego y cocine a fuego lento durante 20 minutos o hasta que la salsa espese. Retirar y reservar.

para hacer arroz

Forrar un plato con papel absorbente y reservar. Calienta el aceite de oliva en una sartén grande a fuego medio. Freír las cebollas, revolviendo con frecuencia, hasta que estén crujientes y doradas. Transfiera las cebollas al plato preparado y reserve. Reserva 2 cucharadas de aceite de cocina. Reserva la sartén.

Combine las lentejas y 4 tazas de agua en una cacerola a fuego alto. Llevar a ebullición y cocinar durante 20 minutos. Escurrir y sazonar con 2 cucharadas del aceite de cocina reservado. Retrasar. Reserva una comida.

Coloque la sartén en la que salteó las cebollas a fuego medio-alto y agregue el arroz, 4 1/2 tazas de agua y sal. Déjalo hervir. Baje el fuego a bajo y cocine por 20 minutos. Apagar y dejar reposar durante 10 minutos. Hierve las 8 tazas restantes de agua con sal a fuego alto en la misma olla en la que cocinaste las lentejas. Agrega la pasta y cocina por 6 minutos o según las instrucciones del paquete. Escurrir y reservar.

Recolectar

Vierta el arroz en un tazón para servir. Vierta sobre las lentejas, los garbanzos y la pasta. Rocíe con salsa de tomate picante y espolvoree con cebollas fritas crujientes.

Nutrición (100 g): 668 calorías 13 g de grasa 113 g de carbohidratos 18 g de proteína 481 mg de sodio

Bulgur con tomates y garbanzos

Tiempo de preparación: 10 minutos

TIEMPO DE COCCIÓN: 35 minutos

Porciones: 6

Nivel de dificultad: medio

Ingredientes:

- ½ taza de aceite de oliva
- 1 cebolla, picada
- 6 tomates cortados en cubitos o 1 lata (16 onzas) de tomates cortados en cubitos
- 2 cucharadas de pasta de tomate
- 2 vasos de agua
- 1 cucharada de Harissa o comprada en la tienda
- 1/8 cucharadita de sal
- 2 tazas de bulgur grueso
- 1 lata (15 onzas) de garbanzos, escurridos y enjuagados

Indicaciones:

Calienta el aceite de oliva en una cacerola de fondo grueso a fuego medio. Sofreír la cebolla, luego añadir los tomates con su jugo y sofreír durante 5 minutos.

Agrega la pasta de tomate, el agua, la harissa y la sal. Déjalo hervir.

Agrega el bulgur y los garbanzos. Vuelva a hervir la mezcla. Reduzca el fuego y cocine a fuego lento durante 15 minutos. Dejar reposar 15 minutos antes de servir.

Nutrición (100 g): 413 calorías 19 g de grasa 55 g de carbohidratos 14 g de proteína 728 mg de sodio

Pasta de caballa

Tiempo de preparación: 10 minutos
TIEMPO DE COCCIÓN: 15 minutos

Porciones: 4

Dificultad: Fácil

Ingredientes:

- 12 onzas de pasta
- 1 diente de ajo
- 14 onzas de salsa de tomate
- 1 ramita de perejil picado
- 2 chiles frescos
- 1 cucharadita de sal
- 200 g de caballa en aceite
- 3 cucharadas de aceite de oliva virgen extra

Indicaciones:

Comienza hirviendo agua en una olla. Mientras se calienta el agua, coge una sartén, añade un poco de aceite y ajo y cocina a fuego lento. Cuando el ajo esté cocido, retíralo de la sartén.

Cortar el ají, quitarle las semillas del interior y cortar en tiras finas.

Agrega el agua de cocción y el pimiento rojo a la misma sartén que antes. Luego cogemos la caballa y, tras escurrir el aceite y separarla con un tenedor, la ponemos en la sartén con el resto de ingredientes. Sofreír añadiendo un poco de agua hirviendo.

Cuando todos los ingredientes estén bien mezclados, vierte el puré de tomate en la sartén. Revuelva bien para combinar todos los ingredientes y cocine durante unos 3 minutos.

Pasemos a la pasta:

Cuando el agua empiece a hervir, agrega sal y pasta. Escurrir un poco la pasta al dente y verterla en la salsa preparada.

Freír en la salsa unos instantes y sazonar con sal y pimienta al gusto.

Nutrición (100 g): 510 calorías 15,4 g de grasa 70 g de carbohidratos 22,9 g de proteína 730 mg de sodio

Pasta con tomates cherry y anchoas

Tiempo de preparación: 10 minutos

TIEMPO DE COCCIÓN: 15 minutos

Porciones: 4

Dificultad: Fácil

Ingredientes:

- 14 onzas de fideos de pasta
- 6 anchoas saladas
- 4 onzas de tomates cherry
- 1 diente de ajo
- 3 cucharadas de aceite de oliva virgen extra
- Chile fresco al gusto
- 3 hojas de albahaca
- Sal al gusto

Indicaciones:

Comienza calentando agua en una olla y agrega sal cuando hierva. Mientras tanto, prepara la salsa: después de lavar los tomates, cógelos y córtalos en 4 partes.

Ahora coge una sartén antiadherente, rocíala con un poco de aceite y echa un diente de ajo. Cuando esté cocido, retirar de la sartén. Añade a la sartén las anchoas limpias, disolviéndolas en el aceite.

Una vez que las anchoas se hayan derretido bien, añadimos los tomates troceados y subimos el fuego hasta que empiecen a ablandarse (con cuidado de no ablandarlos demasiado).

Agrega los pimientos picados y sin semillas y sazona.

Agrega la pasta a una olla con agua hirviendo, escurre al dente y cocina en una sartén por unos minutos.

Nutrición (100 g): 476 calorías 11 g de grasa 81,4 g de carbohidratos 12,9 g de proteína 763 mg de sodio

Risotto con limón y gambas

Tiempo de preparación: 10 minutos

TIEMPO DE COCCIÓN: 30 minutos

Porciones: 4

Dificultad: Fácil

Ingredientes:

- 1 limon
- 14 onzas de camarones pelados
- 1 ¾ taza de arroz para risotto
- 1 cebolla blanca
- 33 onzas líquidas 1 litro de caldo de verduras (menos también sirve)
- 2 cucharaditas y media de mantequilla
- ½ vaso de vino blanco
- Sal al gusto
- Pimienta negra al gusto
- cebollino al gusto

Indicaciones:

Comience hirviendo los camarones en agua con sal durante 3-4 minutos, escúrralos y reserve.

Pelar y picar finamente la cebolla, sofreírla con mantequilla derretida y cuando la mantequilla se haya secado sofreír el arroz en una sartén unos minutos.

Vierte medio vaso de vino blanco sobre el arroz y añade el zumo de 1 limón. Remueve y termina de cocinar el arroz, continuando añadiendo una cucharada de caldo de verduras si es necesario.

Mezclar bien y unos minutos antes de finalizar la cocción añadir los camarones previamente cocidos (reservarlos para decoración) y un poco de pimienta negra.

Después de que se apague el fuego, agrega un vaso de mantequilla y mezcla. El risotto está listo para servir. Adorne con los camarones restantes y espolvoree con cebollino.

Nutrición (100 g): 510 calorías 10 g de grasa 82,4 g de carbohidratos 20,6 g de proteína 875 mg de sodio

Espaguetis con almejas

Tiempo de preparación: 10 minutos
TIEMPO DE COCCIÓN: 40 minutos

Porciones: 4

Dificultad: Fácil

Ingredientes:

- 11,5 onzas de espaguetis
- 2 kilogramos de almejas
- 7 onzas de salsa de tomate o tomates cortados en cubitos para la versión roja de este plato
- 2 dientes de ajo
- 4 cucharadas de aceite de oliva virgen extra
- 1 vaso de vino blanco seco
- 1 cucharada de perejil finamente picado
- 1 chile

Indicaciones:

Comienza lavando las almejas: Nunca "limpies" las almejas; sólo necesitas abrirlas con calor, o tu preciado líquido interno se perderá junto con la arena. Enjuague rápidamente las almejas con una espumadera colocada en una ensaladera: esto filtrará la arena sobre las conchas.

Luego, inmediatamente echa las almejas escurridas en una olla con tapa a fuego alto. Les damos la vuelta de vez en cuando y cuando se hayan abierto casi todas retiramos del fuego. Los ratones que permanecen cerrados están muertos y deben retirarse. Retire los mariscos abiertos y deje algunos enteros para decorar. Escurre el líquido restante del fondo de la cacerola y reserva.

Coge una sartén grande y vierte un poco de aceite en ella. Calentar el pimiento entero y uno o dos dientes de ajo machacados a fuego muy lento hasta que los dientes estén dorados. Agrega las almejas y sazona con vino blanco seco.

Añade ahora el jugo de las almejas previamente filtrado y un poco de perejil finamente picado.

Escurrir y cocer inmediatamente los espaguetis al dente en una cacerola después de hervir en abundante agua con sal. Remueve bien hasta que los espaguetis hayan absorbido todo el líquido de las almejas. Si no usaste ají, espolvorea ligeramente con pimienta blanca o negra.

Nutrición (100 g): 167 calorías 8 g de grasa 8,63 g de carbohidratos 5 g de proteína 720 mg de sodio

sopa griega con pescado

Tiempo de preparación: 10 minutos

TIEMPO DE COCCIÓN: 60 minutos

Porciones: 4

Dificultad: Fácil

Ingredientes:

- Bacalao u otro pescado blanco
- 4 patatas
- 4 cebolletas
- 2 zanahorias
- 2 tallos de apio
- 2 tomates
- 4 cucharadas de aceite de oliva virgen extra
- 2 huevos
- 1 limon
- 1 taza de arroz
- Sal al gusto

Indicaciones:

Elija un pescado que no pese más de 2,2 kilogramos, quítele las escamas, branquias, tripas y lávelo bien. Sazone con sal y reserve.

Lavar las patatas, las zanahorias y las cebollas y ponerlas en una olla con suficiente agua para que se ablanden, luego llevar a ebullición.

Agrega el apio, aún agrupado para que no se deshaga durante la cocción, corta los tomates en cuartos y agrégalos junto con el aceite y la sal.

Cuando las verduras estén casi cocidas añadimos más agua y añadimos el pescado. Cocine por 20 minutos, luego retírelo del caldo junto con las verduras.

Coloca el pescado en un plato para servir decorado con verduras, vierte el líquido encima. Dejar nuevamente el jugo al fuego, diluirlo con un poco de agua. Cuando hierva añadir el arroz y sazonar con sal. Cuando el arroz esté cocido, retira la olla del fuego.

Prepara la salsa de avgolemon:

Batir bien los huevos y añadir poco a poco el zumo de limón. Vierte un poco de caldo en una cuchara y viértelo lentamente en los huevos, revolviendo constantemente.

Al final, vierte la salsa resultante en la sopa y mezcla bien.

Nutrición (100 g): 263 calorías 17,1 g de grasa 18,6 g de carbohidratos 9 g de proteína 823 mg de sodio

Arroz venus con camarones

Tiempo de preparación: 10 minutos

TIEMPO DE COCCIÓN: 55 minutos

Servicios: 3

Dificultad: Fácil

Ingredientes:

- 1 ½ tazas de arroz negro Venere (preferiblemente frito)
- 5 cucharaditas de aceite de oliva virgen extra
- 10,5 onzas de camarones
- 10,5 onzas de calabacín
- 1 limón (jugo y piel)
- Sal de mesa al gusto
- Pimienta negra al gusto
- 1 diente de ajo
- Tabasco al gusto

Indicaciones:

Empecemos por el arroz:

Luego de llenar la olla con abundante agua y llevarla a ebullición, agrega el arroz, sazona con sal y cocina por el tiempo requerido (ver instrucciones de cocción en el paquete).

Mientras tanto, rallar los calabacines con un rallador de agujeros grandes. Calentar en una sartén aceite de oliva con un diente de ajo pelado, añadir el calabacín picado, sal, pimienta y sofreír durante 5 minutos, retirar el diente de ajo y reservar las verduras.

Ahora limpia los camarones:

Quitarles la piel, cortarles las colas, cortarlas por la mitad a lo largo y quitarles las entrañas (el hilo oscuro del lomo). Coloque los camarones limpios en un bol y rocíe con aceite de oliva; Dale un poco más de sabor añadiendo ralladura de limón, sal y pimienta, y unas gotas de Tabasco si quieres.

Calienta los camarones en una sartén caliente durante unos minutos. Cuando esté cocido, reservar.

Cuando el arroz Venere esté listo, escurrirlo en un bol, añadir la mezcla de calabaza y remover.

Nutrición (100 g): 293 calorías 5 g de grasa 52 g de carbohidratos 10 g de proteína 655 mg de sodio

Pennette de salmón y vodka

Tiempo de preparación: 10 minutos

TIEMPO DE COCCIÓN: 18 minutos

Porciones: 4

Dificultad: Fácil

Ingredientes:

- Penne Rigate 14 onzas
- 7 onzas de salmón ahumado
- 1,2 onzas de cebolla
- 1,35 onzas onzas (40 ml) de vodka
- 150 g de tomates cherry
- 200 g de nata líquida fresca (recomiendo nata vegetal para un plato más ligero)
- cebollino al gusto
- 3 cucharadas de aceite de oliva virgen extra
- Sal al gusto
- Pimienta negra al gusto
- Albahaca al gusto (para decorar)

Indicaciones:

Lavar y cortar los tomates y los garbanzos. Después de pelar la cebolla, la cortamos con un cuchillo, la ponemos en una olla y la marinamos en aceite de oliva virgen extra unos instantes.

Mientras tanto, corta el salmón en tiras y cúbrelo con aceite y cebolla.

Mezclar todo con el vodka, con cuidado porque puede prenderse fuego (si la llama sube, no te preocupes, se apagará cuando el alcohol se haya evaporado por completo). Agrega la pulpa de tomate, sal y pimienta si lo deseas. Al final añadir la nata y los garbanzos picados.

Mientras la salsa sigue hirviendo a fuego lento, prepara la pasta. Cuando el agua hierva, añade los penne y déjalos cocer al dente.

Escurrir la pasta y añadir el penne a la salsa, dejando que hierva a fuego lento unos instantes para que absorba todo el sabor. Adorne con una hoja de albahaca si lo desea.

Nutrición (100 g): 620 calorías 21,9 g de grasa 81,7 g de carbohidratos 24 g de proteína 326 mg de sodio

Carbonara con marisco

Tiempo de preparación: 15 minutos

TIEMPO DE COCCIÓN: 50 minutos

Servicios: 3

Dificultad: Fácil

Ingredientes:

- 11,5 onzas de espaguetis
- 3,5 onzas de atún
- 3,5 onzas de pez espada
- 3,5 onzas de salmón
- 6 amarillo
- 4 cucharadas de queso parmesano (queso parmesano)
- 2 onzas onzas (60 ml) de vino blanco
- 1 diente de ajo
- Aceite de oliva virgen extra al gusto
- Sal de mesa al gusto
- Pimienta negra al gusto

Indicaciones:

Prepara agua hirviendo en una olla y agrega un poco de sal.

Mientras tanto, bata 6 yemas de huevo en un bol y agregue parmesano rallado, pimienta y sal. Batir con unas varillas y diluir con un poco de agua hirviendo de la cacerola.

Quitar las espinas y escamas del pez espada y seguir cortando el atún, el salmón y el pez espada.

Una vez cocida, ajustar la pasta y cocinar ligeramente hasta que esté al dente.

Mientras tanto, calienta un poco de aceite en una sartén grande y añade un diente de ajo entero pelado. Cuando el aceite esté caliente añadir los dados de pescado y sofreír a fuego alto durante 1 minuto aproximadamente. Retire los ajos y vierta el vino blanco.

Cuando el alcohol se haya evaporado, retiramos los dados de pescado y bajamos el fuego. Tan pronto como los espaguetis estén listos, agréguelos a la sartén y cocine durante aproximadamente un minuto, revolviendo constantemente y agregando agua hirviendo si es necesario.

Agrega la mezcla de yemas de huevo y los cubitos de pescado. Mezclar bien. Servir.

Nutrición (100 g): 375 calorías 17 g de grasa 41,40 g de carbohidratos 14 g de proteína 755 mg de sodio

Pesto de calabacín garganelli y camarones

Tiempo de preparación: 10 minutos

TIEMPO DE COCCIÓN: 30 minutos

Porciones: 4

Nivel de dificultad: medio

Ingredientes:

- 300 g Garganelli con huevos
- Pesto de calabaza:
- 7 onzas de calabacín
- 1 taza de piñones
- 8 cucharadas (0,35 oz) de albahaca
- 1 cucharadita de sal de mesa
- 9 cucharadas de aceite de oliva virgen extra
- 2 cucharadas de queso parmesano rallado
- 1 oz de queso pecorino rallado
- Para los camarones fritos:
- 8,8 onzas de camarones
- 1 diente de ajo
- 7 cucharaditas de aceite de oliva virgen extra
- Una pizca de sal

Indicaciones:

Empiece por hacer el pesto:

Después de lavar las calabazas, rallarlas, colocarlas en un colador (para que no se escape el exceso de jugo) y salarlas ligeramente. Agrega los piñones, el calabacín y las hojas de albahaca a una licuadora. Agrega parmesano rallado, pecorino y aceite de oliva virgen extra.

Mezclar todo hasta que quede suave, añadir un poco de sal y reservar.

Ir a camarones:

Primero retira las tripas cortando a lo largo de la parte posterior de los camarones con un cuchillo y usando la punta del cuchillo para quitar el hilo negro del interior.

Freír un diente de ajo en una sartén antiadherente con aceite de oliva virgen extra. Cuando esté dorado retiramos los ajos y añadimos los camarones. Fríelos durante unos 5 minutos a fuego medio hasta que el exterior esté crujiente.

A continuación, hierve una olla con agua con sal y cocina los garganelli. Reserva unas cucharadas del agua de cocción y escurre la pasta al dente.

Vierte los Garganelli en la sartén donde cocinaste los camarones. Cocine todo junto por un minuto, agregue una cucharada de agua hirviendo y finalmente agregue el pesto de calabaza.

Mezclar todo bien para combinar la pasta con la salsa.

Nutrición (100 g): 776 calorías 46 g de grasa 68 g de carbohidratos 22,5 g de proteína 835 mg de sodio

Arroz con salmón

Tiempo de preparación: 10 minutos

TIEMPO DE COCCIÓN: 30 minutos

Porciones: 4

Nivel de dificultad: medio

Ingredientes:

- 1 taza (12,3 onzas) de arroz
- 8,8 oz de filetes de salmón
- 1 par
- Aceite de oliva virgen extra al gusto
- 1 diente de ajo
- ½ vaso de vino blanco
- 3 ½ cucharadas de Grana Padano rallado
- Sal al gusto
- Pimienta negra al gusto
- 17 onzas líquidas oz (500 ml) de caldo de pescado
- 1 taza de mantequilla

Indicaciones:

Empieza limpiando el salmón y córtalo en trozos pequeños. Calentar 1 cucharada de aceite en una sartén con un diente de ajo entero y sofreír el salmón durante 2/3 minutos, sazonar con sal y reservar el salmón quitando el ajo.

Ahora empieza a preparar el risotto:

Cortar el puerro en trozos muy pequeños y sofreír en una sartén con dos cucharadas de aceite. Agrega el arroz y cocina por unos segundos a fuego medio-alto, revolviendo con una cuchara de madera.

Añadimos el vino blanco y seguimos cocinando, removiendo de vez en cuando, con cuidado de que el arroz no se pegue a la sartén, y poco a poco añadimos el caldo (verduras o pescado).

A mitad de cocción añadimos el salmón, la mantequilla y un poco de sal si es necesario. Cuando el arroz esté bien cocido, retiramos del fuego. Mezclarlos con un par de cucharadas de Grana Padano rallado y servir.

Nutrición (100 g): 521 calorías 13 g de grasa 82 g de carbohidratos 19 g de proteína 839 mg de sodio

Pasta con tomates cherry y anchoas

Tiempo de preparación: 15 minutos

TIEMPO DE COCCIÓN: 35 minutos

Porciones: 4

Dificultad: Fácil

Ingredientes:

- 10,5 onzas de espaguetis
- 1,3 libras de tomates cherry
- 9 onzas de anchoas (prelimpias)
- 2 cucharadas de alcaparras
- 1 diente de ajo
- 1 cebolla morada pequeña
- perejil al gusto
- Aceite de oliva virgen extra al gusto
- Sal de mesa al gusto
- Pimienta negra al gusto
- Aceitunas negras al gusto

Indicaciones:

Corta los dientes de ajo en rodajas finas.

Corta los tomates cherry por la mitad. Pelar y picar la cebolla.

Agrega un poco de aceite a la olla con los ajos y la cebolla picados. Calienta todo a fuego medio durante 5 minutos; revuelva ocasionalmente.

Cuando esté todo bien añadimos los tomates cherry y un poco de sal y pimienta. Cocine por 15 minutos. Mientras tanto, ponemos una olla con agua al fuego y una vez que hierva añadimos la sal y la pasta.

Cuando la salsa esté casi cocida añadimos las anchoas y cocinamos unos minutos. Mezclar suavemente.

Apagar el fuego, picar el perejil y añadir a la sartén.

Cuando estén cocidas, escurrir la pasta y añadir directamente a la salsa. Vuelve a encender el fuego durante unos segundos.

Nutrición (100 g): 446 calorías 10 g de grasa 66,1 g de carbohidratos 22,8 g de proteína 934 mg de sodio

Orecchiette de brócoli y salchicha

Tiempo de preparación: 10 minutos

TIEMPO DE COCCIÓN: 32 minutos

Porciones: 4

Nivel de dificultad: medio

Ingredientes:

- 11,5 onzas de orecchiette
- 10,5 brócoli
- 10,5 onzas de salchicha
- 1,35 onzas onzas (40 ml) de vino blanco
- 1 diente de ajo
- 2 ramitas de tomillo
- 7 cucharaditas de aceite de oliva virgen extra
- Pimienta negra al gusto
- Sal de mesa al gusto

Indicaciones:

Pon a hervir una olla llena de agua y sal. Retire los floretes de brócoli de los tallos y córtelos por la mitad o en cuartos si son muy grandes; luego poner en agua hirviendo, tapar la olla y cocinar durante 6-7 minutos.

Mientras tanto, pique finamente el tomillo y reserve. Retire la tripa de la salchicha y presione suavemente con un tenedor.

Freír un diente de ajo con un poco de aceite y añadir la salchicha. Pasados unos segundos añadimos el tomillo y un chorrito de vino blanco.

Sin escurrir el agua de cocción, utilice una espumadera para retirar el brócoli cocido y agréguelo poco a poco a la carne. Freír todo durante 3-4 minutos. Retire el ajo y agregue una pizca de pimienta negra.

Lleva a ebullición el agua que usaste para cocinar el brócoli, luego agrega la pasta y deja que hierva. Cuando la pasta esté cocida, escurrirla con una espumadera y verterla directamente en la salsa de brócoli y salami. Luego mezcla bien, añade pimienta negra y sofríe todo en una sartén unos minutos.

Nutrición (100 g): 683 calorías 36 g de grasa 69,6 g de carbohidratos 20 g de proteína 733 mg de sodio

Risotto de achicoria y tocino ahumado

Tiempo de preparación: 10 minutos
TIEMPO DE COCCIÓN: 30 minutos
Servicios: 3
Nivel de dificultad: medio

Ingredientes:

- 1 ½ tazas de arroz
- 14 onzas de achicoria
- 5,3 onzas de tocino ahumado
- 34 onzas líquidas oz (1l) de sopa de verduras
- 3,4 onzas oz (100 ml) de vino tinto
- 7 cucharaditas de aceite de oliva virgen extra
- 1,7 onzas de cebollas
- Sal de mesa al gusto
- Pimienta negra al gusto
- 3 ramitas de tomillo

Indicaciones:

Empecemos preparando el caldo de verduras.

Comience con la achicoria: córtela por la mitad y saque el centro (la parte blanca). Cortar en tiras, enjuagar bien y reservar. Corta también el jamón ahumado en tiras.

Picar finamente las chalotas y añadir a una sartén con un poco de aceite. Llevar a ebullición a fuego medio añadiendo una cucharada de caldo, luego añadir la panceta y cocinar.

Después de unos 2 minutos, agregue el arroz y cocine, revolviendo frecuentemente. En este punto, vierte el vino tinto a fuego alto.

Una vez que se haya evaporado todo el alcohol, continuamos cocinando añadiendo una cucharada de caldo. Deja que el primero se seque hasta que esté completamente cocido antes de agregar el siguiente. Agrega sal y pimienta negra (dependiendo de cuánto decidas agregar).

Cuando esté cocido, agregue las tiras de rábano. Remueve bien hasta que se mezcle con el arroz pero no cocido. Agrega el tomillo picado.

Nutrición (100 g): 482 calorías 17,5 g de grasa 68,1 g de carbohidratos 13 g de proteína 725 mg de sodio

Pasta a la genovesa

Tiempo de preparación: 10 minutos
TIEMPO DE COCCIÓN: 25 minutos
Servicios: 3
Nivel de dificultad: medio

Ingredientes:

- 11,5 onzas de Ziti
- 1 kilogramo de carne de res
- 2,2 kilogramos de cebollas doradas
- 2 onzas de apio
- 2 onzas de zanahorias
- 1 ramita de perejil
- 3,4 onzas onzas (100 ml) de vino blanco
- Aceite de oliva virgen extra al gusto
- Sal de mesa al gusto
- Pimienta negra al gusto
- parmesano al gusto

Indicaciones:

Para preparar la pasta empezamos con:

Pelar las cebollas y las zanahorias y picarlas finamente. Luego lava y pica finamente el apio (no deseches las hojas, que también hay que picarlas y reservarlas). Luego pasa a la carne, límpiala del exceso de grasa y córtala en 5/6 trozos grandes. Finalmente, ate las hojas de apio y la ramita de perejil con hilo de cocina para crear un manojo aromático.

Agrega aceite a una sartén grande. Agrega la cebolla, el apio y la zanahoria (que reservaste) y sofríe unos minutos.

Luego agrega los trozos de carne, un poco de sal y un manojo aromático. Mezclar y cocinar por unos minutos. Luego baja el fuego y tapa con una tapa.

Cocine durante al menos 3 horas (no agregue agua ni caldo ya que las cebollas soltarán todo el líquido que necesitan para evitar que se seque el fondo de la sartén). Revisa y mezcla todo de vez en cuando.

Pasadas las 3 horas de cocción, retiramos el manojo de hierbas aromáticas, subimos ligeramente el fuego, añadimos una porción de vino y removemos.

Cocine la carne descubierta durante aproximadamente una hora, revolviendo frecuentemente y agregando el vino cuando el fondo de la sartén esté seco.

En este punto, toma un trozo de carne, córtalo sobre una tabla de cortar y resérvalo. Moler el ziti y hervirlo en agua hirviendo con sal.

Una vez cocido, escurrir y volver a poner en la olla. Agrega unas cucharadas de agua hirviendo y revuelve. Colócalas en un plato y agrega la salsa y la carne desmenuzada (que sobró del paso 7). Agrega pimienta y parmesano rallado al gusto.

Nutrición (100 g): 450 calorías 8 g de grasa 80 g de carbohidratos 14,5 g de proteína 816 mg de sodio

Pasta Napolitana De Coliflor

Tiempo de preparación: 15 minutos
TIEMPO DE COCCIÓN: 35 minutos
Servicios: 3
Nivel de dificultad: medio

Ingredientes:

- 10,5 onzas de pasta
- 1 coliflor
- 3,4 onzas 100 ml de salsa de tomate
- 1 diente de ajo
- 1 chile
- 3 cucharadas de aceite de oliva virgen extra (o cucharadita)
- Sal al gusto
- Pimientos según sea necesario

Indicaciones:

Limpiar bien la coliflor: quitarle las hojas exteriores y los tallos. Córtalas en flores pequeñas.

Pelar los dientes de ajo, picarlos y sofreírlos en una olla con aceite y guindilla.

Agrega el puré de tomate y la coliflor y sofríe unos minutos a fuego medio, luego agrega unas cucharadas de agua y cocina por 15-20 minutos, o al menos hasta que la coliflor comience a cremar.

Si cree que el fondo de la sartén está demasiado seco, agregue agua según sea necesario para mantener la mezcla líquida.

En este punto, vierte agua caliente sobre la coliflor y agrega la pasta cuando esté cocida.

Condimentar con sal y pimienta.

Nutrición (100 g): 458 calorías 18 g de grasa 65 g de carbohidratos 9 g de proteína 746 mg de sodio

Pasta y judías, naranja e hinojo

Tiempo de preparación: 10 minutos
TIEMPO DE COCCIÓN: 30 minutos
Porciones: 5
Dificultad: Difícil

Ingredientes:

- Aceite de oliva virgen extra - 1 cucharada. más extra por servir
- Tocino - 2 onzas, finamente picado
- Cebollas - 1, finamente picada
- hinojo - 1 bulbo, sin tallos, bulbo partido por la mitad, rebanado y finamente picado
- Apio - 1 tallo, picado
- Ajo - 2 dientes, picados
- Filete de anchoa - 3, lavado y cortado
- Orégano fresco picado - 1 cucharada.
- Piel de naranja rallada - 2 cucharadas.
- Semillas de hinojo - ½ cucharadita.
- Hojuelas de pimiento rojo - ¼ de cucharadita.
- Tomates cortados en cubitos - 1 lata (28 oz)
- Parmesano: 1 corteza y más para servir
- Frijoles Cannellini - 1 lata (7 oz), enjuagados
- Sopa de pollo - 2 ½ tazas
- Agua - 2 ½ vasos
- Sal y pimienta

- Cebada - 1 taza
- Perejil fresco picado - ¼ de taza

Indicaciones:

Calienta el aceite en una olla a fuego medio. Agrega el tocino. Revuelva durante 3-5 minutos o hasta que se dore. Agregue el apio, el hinojo y la cebolla y cocine hasta que estén tiernos (entre 5 y 7 minutos).

Agregue las hojuelas de pimiento, las semillas de hinojo, la ralladura de naranja, el orégano, las anchoas y el ajo. Cocine por 1 minuto. Mezclar los tomates y su jugo. Agregue la cáscara de parmesano y los frijoles.

Llevar a ebullición y cocinar durante 10 minutos. Mezcle agua, caldo y 1 cucharada. sal. Cocine a fuego alto. Agrega la pasta y cocina hasta que esté al dente.

Retirar del fuego y desechar la corteza del parmesano.

Agrega el perejil y sazona con sal y pimienta al gusto. Rociar con un poco de aceite de oliva y espolvorear con queso parmesano rallado. Servir.

Nutrición (100 g): 502 calorías 8,8 g de grasa 72,2 g de carbohidratos 34,9 g de proteína 693 mg de sodio

Espaguetis con limón

Tiempo de preparación: 10 minutos
TIEMPO DE COCCIÓN: 15 minutos
Porciones: 6
Dificultad: Fácil

Ingredientes:

- Aceite de oliva virgen extra - ½ taza
- Cáscara de limón rallada - 2 cucharadas.
- Jugo de limón - 1/3 taza
- Ajo - 1 diente, cortado en trozos
- Sal y pimienta
- Parmesano - 2 onzas, rallado
- Espaguetis - 1 libra.
- Albahaca fresca picada - 6 cucharadas.

Indicaciones:

En un bol, triture el ajo, el aceite, la piel de limón, el jugo, ½ cucharadita. sal y ¼ de cucharadita. Pimienta. Agregue el parmesano y mezcle hasta que esté cremoso.

Mientras tanto, cocine la pasta según las instrucciones del paquete. Escurrir y reservar ½ taza del agua de cocción. Agrega la mezcla de aceite y albahaca a la pasta y revuelve. Rectificarlos bien y mezclar con agua de cocción si es necesario. Servir.

Nutrición (100 g): 398 calorías 20,7 g de grasa 42,5 g de carbohidratos 11,9 g de proteína 844 mg de sodio

Cuscús de verduras picante

Tiempo de preparación: 10 minutos
TIEMPO DE COCCIÓN: 20 minutos
Porciones: 6
Dificultad: Difícil

Ingredientes:

- Coliflor - 1 cabeza, cortada en floretes de 1 pulgada
- Aceite de oliva virgen extra - 6 cucharadas. más extra por servir
- Sal y pimienta
- Cuscús - 1 ½ tazas
- Calabacín - 1, cortado en trozos de ½ pulgada
- Pimiento rojo - 1, sin tallo, sin semillas y cortado en trozos de ½ pulgada
- Ajo - 4 dientes, picados
- Ras el hanout - 2 cucharadas.
- Cáscara de limón rallada - 1 cucharadita. más rodajas de limón para servir
- Sopa de pollo - 1 ¾ tazas
- Mejorana fresca picada - 1 cucharada.

Indicaciones:

En una sartén calentar 2 cucharadas. de aceite a fuego medio. Agregue la coliflor, ¾ cucharadita. sal y ½ cucharadita. Pimienta. Mezclar. Hornee hasta que los floretes estén dorados y los bordes apenas traslúcidos.

Retire la tapa y cocine, revolviendo, durante 10 minutos o hasta que los floretes estén dorados. Transfiera a un bol y limpie la sartén. Calienta 2 cucharadas. aceite en una sartén.

Agrega el cuscús. Cocine y continúe revolviendo durante 3 a 5 minutos o hasta que los frijoles comiencen a dorarse. Transfiera a un bol y limpie la sartén. Calienta las 3 cucharadas restantes. Aceite en una sartén y agrega el pimiento, el calabacín y ½ cucharadita. sal. Cocine por 8 minutos.

Agrega la ralladura de limón, el ras el hanout y el ajo. Cocine hasta que esté fragante (unos 30 segundos). Vierta el caldo y deje hervir. Agrega el cuscús. Retirar del fuego y reservar hasta que se ablanden.

Agrega la albahaca y la coliflor; luego bata suavemente con un tenedor para mezclar. Rocíe con aceite adicional y sazone bien. Servir con rodajas de limón.

Nutrición (100 g): 787 calorías 18,3 g de grasa 129,6 g de carbohidratos 24,5 g de proteína 699 mg de sodio

Arroz frito con especias de eneldo

Tiempo de preparación: 10 minutos
TIEMPO DE COCCIÓN: 45 minutos
Porciones: 8
Nivel de dificultad: medio

Ingredientes:

- Batatas: 1,5 libras, peladas y cortadas en trozos de 1 pulgada
- Aceite de oliva virgen extra - ¼ de taza
- Sal y pimienta
- Hinojo - 1 bulbo, finamente picado
- Cebolla pequeña - 1, finamente picada
- Arroz blanco de grano largo - 1 ½ tazas, lavado
- Ajo - 4 dientes, picados
- Ras el hanout - 2 cucharadas.
- Sopa de pollo - 2 tazas
- Aceitunas verdes grandes deshuesadas en salmuera - ¾ de taza, cortadas por la mitad
- Cilantro fresco picado - 2 cucharadas.
- Rodajas de limón

Indicaciones:

Coloque la rejilla del horno en el centro y precaliente el horno a 400 F. Sazone las papas con ½ cucharadita. sal y 2 cucharadas. Aceite.

Coloque las papas en una sola capa sobre una bandeja para hornear cubierta y hornee durante 25 a 30 minutos o hasta que estén tiernas. Remueve las patatas a mitad de la cocción.

Retire las papas y reduzca la temperatura del horno a 350 F. En una olla, caliente las 2 cucharadas restantes. de aceite a fuego medio.

Agrega la cebolla y el eneldo; luego cocine durante 5-7 minutos o hasta que estén tiernos. Agrega el ras el hanout, el ajo y el arroz. Hornee por 3 minutos.

Agrega las aceitunas y el caldo y deja reposar 10 minutos. Agregue las papas al arroz y tritúrelas suavemente con un tenedor para combinar. Sazone con sal y pimienta al gusto. Adorne con cilantro y sirva con rodajas de lima.

Nutrición (100 g): 207 calorías 8,9 g de grasa 29,4 g de carbohidratos 3,9 g de proteína 711 mg de sodio

Cuscús marroquí con garbanzos

Tiempo de preparación: 5 minutos

TIEMPO DE COCCIÓN: 18 minutos

Porciones: 6

Nivel de dificultad: medio

Ingredientes:

- Aceite de oliva virgen extra - ¼ de taza, extra por porción
- Cuscús - 1 ½ tazas
- Zanahorias finamente peladas y picadas - 2
- Cebolla finamente picada - 1
- Sal y pimienta
- Ajo - 3 dientes, picados
- Cilantro picado - 1 cucharadita.
- Jengibre molido - una cuchara.
- Semillas de anís molidas - ¼ de cucharadita.
- Sopa de pollo - 1 ¾ tazas
- garbanzos - 1 lata (15 oz), enjuagados
- Guisantes congelados - 1 ½ tazas
- Perejil o cilantro fresco picado - ½ taza
- rodajas de limon

Indicaciones:

Calienta 2 cucharadas. aceite en una sartén a fuego medio. Agregue el cuscús y cocine de 3 a 5 minutos o hasta que se dore. Transfiera a un bol y limpie la sartén.

Calienta las 2 cucharadas restantes. Aceite en una sartén y agrega la cebolla, la zanahoria y 1 cucharada. sal. Cocine durante 5-7 minutos. Agrega el anís, el jengibre, el cilantro y el ajo. Cocine hasta que esté fragante (unos 30 segundos).

Añade los garbanzos y el caldo y deja hervir. Agregue el cuscús y los guisantes. Cubrir y retirar del fuego. Reservar hasta que el cuscús esté tierno.

Agrega el perejil al cuscús y revuelve con un tenedor. Rocíe con aceite adicional y sazone bien. Servir con rodajas de limón.

Nutrición (100 g): 649 calorías 14,2 g de grasa 102,8 g de carbohidratos 30,1 g de proteína 812 mg de sodio

Paella vegetariana con judías verdes y garbanzos

Tiempo de preparación: 10 minutos
TIEMPO DE COCCIÓN: 35 minutos
Porciones: 4
Dificultad: Fácil

Ingredientes:

- Una pizca de azafrán
- Sopa de verduras - 3 tazas
- Aceite de oliva - 1 cucharada.
- Cebolla amarilla - 1 grande, cortada en cubos
- Ajo - 4 dientes, cortados en rodajas
- Pimiento rojo - 1 en cubitos
- Tomates picados - ¾ de taza, frescos o enlatados
- Puré de tomate - 2 cucharadas.
- Pimiento picante - 1 ½ cucharadita.
- Sal - 1 cucharada.
- Pimienta negra recién molida - ½ cucharadita.
- Judías verdes - 1 1/2 tazas, peladas y cortadas por la mitad
- garbanzos - 1 lata (15 oz), escurridos y enjuagados
- Arroz blanco de grano corto - 1 taza
- Limón - 1, cortado en trozos

Indicaciones:

Mezclar las hebras de azafrán con 3 cucharadas. de agua tibia en un tazón pequeño. Hervir agua en una cacerola a fuego medio. Reducir el fuego y llevar a ebullición.

Calienta el aceite en una sartén a fuego medio. Agrega la cebolla y sofríe durante 5 minutos. Agrega el pimiento y el ajo y cocina por 7 minutos o hasta que el pimiento esté suave. Agregue la mezcla de agua y azafrán, sal, pimienta, pimentón, pasta de tomate y tomates.

Agrega el arroz, los garbanzos y las judías verdes. Vierta el caldo caliente y deje hervir. Reduzca el fuego y cocine a fuego lento, sin tapar, durante 20 minutos.

Sirva caliente, adornado con rodajas de limón.

Nutrición (100 g): 709 calorías 12 g de grasa 121 g de carbohidratos 33 g de proteína 633 mg de sodio

Camarones al ajillo con tomate y albahaca

Tiempo de preparación: 10 minutos

TIEMPO DE COCCIÓN: 10 minutos

Porciones: 4

Dificultad: Fácil

Ingredientes:

- Aceite de oliva - 2 cucharadas.
- Camarones - 1¼ kilogramos, pelados y limpios
- Ajo - 3 dientes, picados
- Hojuelas de pimiento rojo triturado - 1/8 cucharadita.
- Vino blanco seco - ¾ taza
- Tomates uva - 1 ½ tazas
- Albahaca fresca finamente picada - ¼ de taza, más para decorar
- Sal - ¾ cucharadita.
- Pimienta negra molida - ½ cucharadita.

Indicaciones:

Calienta el aceite en una sartén a fuego medio-alto. Agrega los camarones y cocina por 1 minuto o hasta que estén bien cocidos. Transfiera a un plato.

Agrega las hojuelas de pimiento rojo y el ajo al aceite en la sartén y sofríe durante 30 segundos. Agregue el vino y cocine hasta que se reduzca a la mitad.

Agregue los tomates y cocine hasta que comiencen a partirse (aproximadamente 3-4 minutos). Agregue los camarones reservados, la sal, la pimienta y la albahaca. Cocine por otros 1-2 minutos.

Sirva adornado con la albahaca restante.

Nutrición (100 g): 282 calorías 10 g de grasa 7 g de carbohidratos 33 g de proteína 593 mg de sodio

paella de gambas

Tiempo de preparación: 10 minutos

TIEMPO DE COCCIÓN: 25 minutos

Porciones: 4

Nivel de dificultad: medio

Ingredientes:

- Aceite de oliva - 2 cucharadas.
- Cebolla mediana - 1, cortada en cubos
- Pimiento rojo - 1 en cubitos
- Ajo - 3 dientes, picados
- Una pizca de azafrán
- Pimiento picante - ¼ de cucharadita.
- Sal - 1 cucharada.
- Pimienta negra recién molida - ½ cucharadita.
- Caldo de pollo - 3 tazas, cantidad dividida
- Arroz blanco de grano corto - 1 taza
- Camarones grandes pelados y desvenados - 1 libra.
- Guisantes congelados - 1 vaso, descongelados

Indicaciones:

Calienta el aceite de oliva en una sartén. Agrega la cebolla y el pimiento y cocina por 6 minutos o hasta que se ablanden. Agrega sal, pimienta, pimentón, azafrán, ajo y mezcla. Agregue 2 ½ tazas de caldo y arroz.

Lleve la mezcla a ebullición y luego cocine a fuego lento hasta que el arroz esté cocido, aproximadamente 12 minutos. Coloque los camarones y los guisantes encima del arroz y vierta la ½ taza de caldo restante.

Vuelve a tapar la sartén y cocina hasta que todos los camarones estén cocidos (unos 5 minutos). Servir.

Nutrición (100 g): 409 calorías 10 g de grasa 51 g de carbohidratos 25 g de proteína 693 mg de sodio

Ensalada de lentejas con aceitunas, menta y queso feta

Tiempo de preparación: 60 minutos
TIEMPO DE COCCIÓN: 60 minutos
Porciones: 6
Nivel de dificultad: medio

Ingredientes:

- Sal y pimienta
- Lentejas francesas - 1 taza, recogidas y lavadas
- Ajo - 5 dientes, ligeramente prensados y pelados
- Hojas de laurel - 1
- Aceite de oliva virgen extra - 5 cucharadas.
- Vinagre de vino blanco - 3 cucharadas.
- Aceitunas Kalamata sin hueso - ½ taza, en rodajas
- Menta fresca picada - ½ taza
- Chalotes - 1 grande, picados
- Queso feta - 1 onza, rallado

Indicaciones:

Agrega 4 tazas de agua caliente y 1 cucharadita. sal en un bol. Añade las lentejas y deja cocer a temperatura ambiente durante 1 hora. Escurrir bien.

Coloque la rejilla en el centro y precaliente el horno a 325 F. Agregue las lentejas, 4 tazas de agua, el ajo, las hojas de laurel y ½ cucharadita. sal en una olla. Tapa y coloca la olla en el horno y hornea por 40-60 minutos o hasta que las lentejas estén tiernas.

Escurrir bien las lentejas, quitarles el ajo y el laurel. En un tazón grande, mezcle el aceite y el vinagre. Agrega la cebolla, la menta, las aceitunas y las lentejas y revuelve para combinar.

Sazone con sal y pimienta al gusto. Colocar bien en una fuente para servir y decorar con rodajas. Servir.

Nutrición (100 g): 249 calorías 14,3 g de grasa 22,1 g de carbohidratos 9,5 g de proteína 885 mg de sodio

Garbanzos con ajo y perejil

Tiempo de preparación: 5 minutos
TIEMPO DE COCCIÓN: 20 minutos
Porciones: 6
Nivel de dificultad: medio

Ingredientes:

- Aceite de oliva virgen extra - ¼ de taza
- Ajo - 4 dientes, cortados en rodajas finas
- Hojuelas de pimiento rojo - 1/8 cucharadita.
- Cebollas - 1, picada
- Sal y pimienta
- garbanzos - 2 latas (15 oz), enjuagadas
- Sopa de pollo - 1 taza
- Perejil fresco picado - 2 cucharadas.
- Jugo de limón - 2 cucharadas.

Indicaciones:

Agrega 3 cucharadas a la sartén. agregue el ajo y las hojuelas de pimienta y cocine por 3 minutos. Agregue la cebolla y ¼ de cucharadita. agregue sal y cocine durante 5-7 minutos.

Agrega los garbanzos y el caldo y deja hervir. Reduzca el fuego y cocine a fuego lento tapado durante 7 minutos.

Apagar el fuego y cocinar por 3 minutos o hasta que se haya evaporado todo el líquido. Reserva y agrega el jugo de limón y el perejil.

Sazone con sal y pimienta al gusto. Sazone 1 cucharada. untar con grasa y servir.

Nutrición (100 g): 611 calorías 17,6 g de grasa 89,5 g de carbohidratos 28,7 g de proteína 789 mg de sodio

Garbanzos cocidos con berenjenas y tomates

Tiempo de preparación: 10 minutos
TIEMPO DE COCCIÓN: 60 minutos
Porciones: 6
Dificultad: Fácil

Ingredientes:

- Aceite de oliva virgen extra - ¼ de taza
- Cebollas - 2, cortadas
- Pimiento verde - 1, finamente picado
- Sal y pimienta
- Ajo - 3 dientes, picados
- Orégano fresco picado - 1 cucharada.
- Hojas de laurel - 2
- Berenjena - 1 libra, cortada en trozos de 1 pulgada
- Todos los tomates pelados - 1 lata, escurrido el jugo reservado, picados
- garbanzos - 2 latas (15 onzas), escurridas con 1 taza del líquido reservado

Indicaciones:

Coloque la rejilla del horno en la parte inferior central y precaliente el horno a 400 F. Caliente el aceite en una olla. Agregue el pimiento, la cebolla y ½ cucharadita. sal y ¼ de cucharadita. Pimienta. Hornee por 5 minutos.

Agrega 1 cucharada. orégano, ajo y laurel y cocinar por 30 segundos. Agregue los tomates, las berenjenas, el caldo reservado, los garbanzos y el caldo y deje hervir. Coloca la olla en el horno y hornea sin tapar durante 45-60 minutos. Mezclar dos veces.

Retire las hojas de laurel. Agregue las 2 cucharadas restantes. orégano y sazonar con sal y pimienta. Servir.

Nutrición (100 g): 642 calorías 17,3 g de grasa 93,8 g de carbohidratos 29,3 g de proteína 983 mg de sodio

Arroz griego con limón

Tiempo de preparación: 20 minutos
TIEMPO DE COCCIÓN: 45 minutos
Porciones: 6
Nivel de dificultad: medio

Ingredientes:

- Arroz de grano largo: 2 tazas, crudo (remojado en agua fría durante 20 minutos y luego escurrido)
- Aceite de oliva virgen extra - 3 cucharadas.
- Cebolla amarilla - 1 mediana, picada
- Ajo - 1 diente, picado
- Pasta de cebada - ½ taza
- Jugo de 2 limones y cáscara de 1 limón
- Caldo bajo en sodio - 2 tazas
- Una pizca de sal
- Perejil picado - 1 puñado grande
- Eneldo - 1 cucharadita.

Indicaciones:

Calienta 3 cucharadas. aceite de oliva virgen extra. Agrega la cebolla y sofríe durante 3-4 minutos. Agregue los fideos de cebada y el ajo y revuelva para combinar.

Luego agregue el arroz hasta cubrir. Agrega el caldo y el jugo de limón. Llevar a ebullición y reducir el fuego. Tapar y hornear durante unos 20 minutos.

Alejar del calor. Cubra y reserve durante 10 minutos. Destape y agregue la ralladura de limón, el eneldo y el perejil. Servir.

Nutrición (100 g): 145 calorías 6,9 g de grasa 18,3 g de carbohidratos 3,3 g de proteína 893 mg de sodio

Arroz con hierbas aromáticas

Tiempo de preparación: 10 minutos
TIEMPO DE COCCIÓN: 30 minutos
Porciones: 4
Dificultad: Fácil

Ingredientes:

- Aceite de oliva virgen extra - ½ taza, cantidad dividida
- Dientes de ajo grandes - 5, picados
- Arroz jazmín integral - 2 tazas
- Agua - 4 vasos
- Sal marina - 1 cucharada.
- Pimienta negra - 1 cucharadita.
- Ajo fresco picado - 3 cucharadas.
- Perejil fresco picado - 2 cucharadas.
- Albahaca fresca picada - 1 cucharada.

Indicaciones:

Agrega ¼ de taza de aceite de oliva, ajo y arroz a una olla. Revuelve y calienta a fuego medio. Agrega el agua, la sal marina y la pimienta negra. Luego mezcle nuevamente.

Llevar a ebullición y reducir el fuego. Cocine a fuego lento sin tapar, revolviendo ocasionalmente.

Cuando el agua esté casi absorbida, agregue el ¼ de taza de aceite de oliva restante junto con la albahaca, el perejil y el cebollino.

Revuelve hasta que se incorporen las hierbas y se absorba toda el agua.

Nutrición (100 g): 304 calorías 25,8 g de grasa 19,3 g de carbohidratos 2 g de proteína 874 mg de sodio

Ensalada de arroz mediterránea

Tiempo de preparación: 10 minutos
TIEMPO DE COCCIÓN: 25 minutos
Porciones: 4
Nivel de dificultad: medio

Ingredientes:

- Aceite de oliva virgen extra - ½ taza, cantidad dividida
- Arroz integral de grano largo - 1 taza
- Agua - 2 vasos
- Jugo de limón fresco - ¼ de taza
- Diente de ajo - 1, picado
- Romero fresco picado - 1 cucharadita.
- Menta fresca picada - 1 cucharadita.
- Endibia belga - 3, picadas
- Pimiento rojo - 1 mediano, picado
- Pepino de invernadero - 1, picado
- Cebolla verde entera picada - ½ taza
- Aceitunas Kalamata, picadas - ½ taza
- Hojuelas de pimiento rojo - ¼ de cucharadita.
- Queso feta desmenuzado - ¾ taza
- Sal marina y pimienta negra

Indicaciones:

Calienta ¼ de taza de aceite de oliva, arroz y una pizca de sal en una cacerola a fuego lento. Revuelva para cubrir el arroz. Agrega agua y deja cocinar hasta que se absorba el agua. Revuelva de vez en cuando. Vierta el arroz en un tazón grande y déjelo enfriar.

En otro tazón, combine el ¼ de taza de aceite de oliva restante, las hojuelas de pimiento rojo, las aceitunas, la cebolla verde, el pepino, el pimiento morrón, la escarola, la menta, el romero, el ajo y el jugo de limón.

Agregue el arroz a la mezcla y revuelva para combinar. Agrega suavemente el queso feta.

Prueba y ajusta el sazón. Servir.

Nutrición (100 g): 415 calorías 34 g de grasa 28,3 g de carbohidratos 7 g de proteína 4755 mg de sodio

Ensalada de frijoles y atún fresco

Tiempo de preparación: 5 minutos
TIEMPO DE COCCIÓN: 20 minutos
Porciones: 6
Dificultad: Fácil

Ingredientes:

- Frijoles frescos (con cáscara) - 2 tazas
- Hojas de laurel - 2
- Aceite de oliva virgen extra - 3 cucharadas.
- Vinagre de vino tinto - 1 cucharada.
- Sal y pimienta negra
- Atún Premium - 1 lata (6 oz), envasada en aceite de oliva
- Alcaparras saladas - 1 cucharada. remojar y secar
- Perejil finamente picado - 2 cucharadas.
- Cebolla morada - 1, cortada en rodajas

Indicaciones:

Hervir agua con un poco de sal en una olla. Agrega los frijoles y las hojas de laurel; Luego cocine durante 15 a 20 minutos o hasta que los frijoles estén tiernos pero aún firmes. Escurrir, quitar los aromas y verter en un bol.

Sazone los frijoles inmediatamente con vinagre y aceite. Agrega sal y pimienta negra. Mezclar bien y ajustar la sazón. Escurrir el atún y añadir la pulpa del atún a la ensalada de judías. Agrega el perejil y las alcaparras. Revuelva para combinar y cubra con rodajas de cebolla morada. Servir.

Nutrición (100 g): 85 calorías 7,1 g de grasa 4,7 g de carbohidratos 1,8 g de proteína 863 mg de sodio

Deliciosa pasta con pollo

Tiempo de preparación: 10 minutos
TIEMPO DE COCCIÓN: 17 minutos
Porciones: 4
Dificultad: Fácil

Ingredientes:

- 3 pechugas de pollo deshuesadas y sin piel, cortadas en trozos
- 300 g de pasta integral
- 1/2 taza de aceitunas picadas
- 1/2 taza de tomates secados al sol
- 1 cucharada de pimientos rojos asados, picados
- Lata de 14 oz de tomates cortados en cubitos
- 2 tazas de salsa marinara
- 1 taza de caldo de pollo
- pimienta
- sal

Indicaciones:

Agregue todos los ingredientes excepto la pasta integral a una olla a presión.

Cierra la tapa y cocina a fuego alto durante 12 minutos.

Cuando termine, permita que la presión se reduzca naturalmente. Retire la cubierta.

Agrega la pasta y mezcla bien. Vuelve a cerrar la estufa, selecciona el modo manual y programa el temporizador en 5 minutos.

Cuando termine, libere la presión durante 5 minutos y libere el resto usando el botón de liberación rápida. Retire la cubierta. Mezclar bien y servir.

Nutrición (100 g): 615 calorías 15,4 g de grasa 71 g de carbohidratos 48 g de proteína 631 mg de sodio

Tacos Mediterraneos

Tiempo de preparación: 10 minutos

TIEMPO DE COCCIÓN: 14 minutos

Porciones: 8

Nivel de dificultad: medio

Ingredientes:

- 1 libra de carne molida
- 8 onzas de queso cheddar, rallado
- Lata de 14 oz de frijoles rojos
- 2 onzas de condimento para tacos
- 16 onzas de salsa
- 2 vasos de agua
- 2 tazas de arroz integral
- pimienta
- sal

Indicaciones:

Configure la olla instantánea en modo agitar.

Agrega la carne a la olla y cocina hasta que esté dorada.

Agregue agua, frijoles, arroz, condimento para tacos, pimienta, sal y mezcle bien.

Rocíe con salsa. Cierra la tapa y cocina a fuego alto durante 14 minutos.

Libere la presión con el botón de liberación rápida cuando termine. Retire la cubierta.

Agrega el queso cheddar y revuelve hasta que el queso se derrita.

Servir y disfrutar.

Nutrición (100 g): 464 calorías 15,3 g de grasa 48,9 g de carbohidratos 32,2 g de proteína 612 mg de sodio

Deliciosos macarrones con queso

Tiempo de preparación: 10 minutos
TIEMPO DE COCCIÓN: 10 minutos
Porciones: 6
Dificultad: Fácil

Ingredientes:

- 500 g de pasta de codillo integral
- 4 vasos de agua
- 1 taza de tomates cortados en cubitos
- 1 cucharadita de ajo picado
- 2 cucharadas de aceite de oliva
- 1/4 taza de cebollas verdes, picadas
- 1/2 taza de parmesano rallado
- 1/2 taza de mozzarella rallada
- 1 taza de queso cheddar, rallado
- 1/4 taza de puré
- 1 taza de leche de almendras sin azúcar
- 1 taza de alcachofas en escabeche, cortadas en cubitos
- 1/2 taza de tomates secados al sol, cortados en rodajas
- 1/2 taza de aceitunas picadas
- 1 cucharadita de sal

Indicaciones:

Agrega la pasta, el agua, los tomates, el ajo, el aceite y la sal a una olla a presión y mezcla bien. Cubra la tapa y cocine a fuego alto.

Cuando haya terminado, libere la presión durante unos minutos y luego drene los residuos utilizando el drenaje rápido. Retire la cubierta.

Pon la olla en modo cocción. Agregue la cebolla verde, el parmesano, la mozzarella, el queso cheddar, la passata, la leche de almendras, las alcachofas, los tomates secados al sol y las aceitunas. Mezclar bien.

Mezclar bien y cocinar hasta que el queso se derrita.

Servir y disfrutar.

Nutrición (100 g): 519 calorías 17,1 g de grasa 66,5 g de carbohidratos 25 g de proteína 588 mg de sodio

Arroz con aceitunas pepino

Tiempo de preparación: 10 minutos
TIEMPO DE COCCIÓN: 10 minutos
Porciones: 8
Nivel de dificultad: medio

Ingredientes:

- 2 tazas de arroz, lavado
- 1/2 taza de aceitunas deshuesadas
- 1 taza de pepino, rebanado
- 1 cucharada de vinagre de vino tinto
- 1 cucharadita de piel de limón rallada
- 1 cucharada de jugo de limón fresco
- 2 cucharadas de aceite de oliva
- 2 tazas de sopa de verduras
- 1/2 cucharadita de orégano seco
- 1 pimiento rojo, picado
- 1/2 taza de cebolla, picada
- 1 cucharada de aceite de oliva
- pimienta
- sal

Indicaciones:

Agrega aceite a la olla interior de la olla a presión y selecciona el modo de cocción. Agrega la cebolla y sofríe por 3 minutos. Agrega la pimienta y el orégano y sofríe por 1 minuto.

Agrega el arroz y el caldo y mezcla bien. Cierra la tapa y cocina a fuego alto durante 6 minutos. Cuando termine, deje que se libere la presión durante 10 minutos y libere el resto usando el botón de liberación rápida. Retire la cubierta.

Agregue los demás ingredientes y mezcle bien para combinar. Sirve inmediatamente y disfruta.

Nutrición (100 g): 229 calorías 5,1 g de grasa 40,2 g de carbohidratos 4,9 g de proteína 210 mg de sodio

Risotto con hierbas aromáticas

Tiempo de preparación: 10 minutos
TIEMPO DE COCCIÓN: 15 minutos
Porciones: 4
Nivel de dificultad: medio

Ingredientes:

- 2 tazas de arroz
- 2 cucharadas de queso parmesano rallado
- 100 gramos de nata
- 1 cucharada de orégano fresco, picado
- 1 cucharada de albahaca fresca, picada
- 1/2 cucharadita de salvia, picada
- 1 cebolla, picada
- 2 cucharadas de aceite de oliva
- 1 cucharadita de ajo, picado
- 4 tazas de sopa de verduras
- pimienta
- sal

Indicaciones:

Agregue aceite a la olla interior de la olla a presión y coloque la sartén en el modo de cocción. Agrega el ajo y la cebolla a la olla interior de la olla a presión y presiona la olla para ingresar al modo de cocción. Agrega el ajo y la cebolla y sofríe durante 2-3 minutos.

Agrega los demás ingredientes excepto el parmesano y la nata y mezcla bien. Cierra la tapa y cocina a fuego alto durante 12 minutos.

Cuando termine, libere la presión durante 10 minutos, luego libere el resto con el botón de liberación rápida. Retire la cubierta. Agregue la crema y el queso y sirva.

Nutrición (100 g): 514 calorías 17,6 g de grasa 79,4 g de carbohidratos 8,8 g de proteína 488 mg de sodio

Deliciosa pasta primavera

Tiempo de preparación: 10 minutos
TIEMPO DE COCCIÓN: 4 minutos
Porciones: 4
Dificultad: Fácil

Ingredientes:

- 250 g de harina integral
- 1 cucharada de jugo de limón fresco
- 2 cucharadas de perejil fresco picado
- 1/4 taza de almendras fileteadas
- 1/4 taza de parmesano rallado
- Lata de 14 oz de tomates cortados en cubitos
- 1/2 taza de ciruelas pasas
- 1/2 taza de calabacín, picado
- 1/2 taza de espárragos
- 1/2 taza de zanahorias, picadas
- 1/2 taza de brócoli, picado
- 1 3/4 tazas de caldo de verduras
- pimienta
- sal

Indicaciones:

Agregue el caldo, la parzina, los tomates, las ciruelas, la calabaza, los espárragos, las zanahorias y el brócoli a una olla a presión y mezcle bien. Tapar y cocinar a fuego alto durante 4 minutos. Libere la presión con el botón de liberación rápida cuando termine. Retire la cubierta. Mezclar bien los ingredientes restantes y servir.

Nutrición (100 g): 303 calorías 2,6 g de grasa 63,5 g de carbohidratos 12,8 g de proteína 918 mg de sodio

Pasta con pimientos fritos

Tiempo de preparación: 10 minutos

TIEMPO DE COCCIÓN: 13 minutos

Porciones: 6

Nivel de dificultad: medio

Ingredientes:

- 1 libra de pasta penne integral
- 1 cucharada de aderezo italiano
- 4 tazas de sopa de verduras
- 1 cucharada de ajo, picado
- 1/2 cebolla, rebanada
- Tarros de Pimientos Rojos Asados 14 oz
- 1 taza de queso feta, desmenuzado
- 1 cucharada de aceite de oliva
- pimienta
- sal

Indicaciones:

Agregue los pimientos asados a una licuadora y mezcle hasta que quede suave. Agregue aceite a la olla interior de la olla a presión y configure el modo de cocción. Agrega el ajo y la cebolla al vaso interior de la olla a presión y sofríe. Agrega el ajo y la cebolla y sofríe durante 2-3 minutos.

Agrega los pimientos asados al puré y sofríe durante 2 minutos.

Agrega el resto de los ingredientes excepto el queso feta y mezcla bien. Cubra bien y cocine a fuego alto durante 8 minutos. Cuando haya terminado, libere la presión de forma natural durante 5 minutos y luego libere el resto usando el botón de liberación rápida. Retire la cubierta. Espolvorea con queso feta y sirve.

Nutrición (100 g): 459 calorías 10,6 g de grasa 68,1 g de carbohidratos 21,3 g de proteína 724 mg de sodio

Arroz con tomate y albahaca salada

Tiempo de preparación: 10 minutos

TIEMPO DE COCCIÓN: 26 minutos

Porciones: 8

Nivel de dificultad: medio

Ingredientes:

- 1 1/2 tazas de arroz integral
- 1 taza de queso parmesano rallado
- 1/4 taza de albahaca fresca, picada
- 2 tazas de tomates cherry, cortados por la mitad
- 250 g de salsa de tomate
- 1 3/4 tazas de caldo de verduras
- 1 cucharada de ajo, picado
- 1/2 taza de cebolla picada
- 1 cucharada de aceite de oliva
- pimienta
- sal

Indicaciones:

Agregue aceite al recipiente interior de la olla a presión y seleccione una sartén encima de la freidora. Coloque el ajo y la cebolla en el recipiente interior de la olla a presión y agréguelos a la sartén. Mezclar el ajo y la cebolla y sofreír durante 4 minutos. Agrega el arroz, la salsa de tomate, el caldo, la pimienta, la sal y mezcla bien.

Tapar y cocinar a fuego alto durante 22 minutos.

Cuando termine, déjelo liberar la presión durante 10 minutos, luego libere el residuo usando el botón de liberación rápida. Retire la cubierta. Combine los ingredientes restantes y mezcle. Servir y disfrutar.

Nutrición (100 g): 208 calorías 5,6 g de grasa 32,1 g de carbohidratos 8,3 g de proteína 863 mg de sodio

Pasta con atún

Tiempo de preparación: 10 minutos
TIEMPO DE COCCIÓN: 8 minutos
Porciones: 6
Nivel de dificultad: medio

Ingredientes:

- 10 onzas de atún escurrido
- 15 onzas de pasta integral de trigo integral
- Cortar 100 g de mozzarella en cubos
- 1/2 taza de parmesano rallado
- 1 cucharadita de albahaca seca
- Lata de 14 onzas de tomates
- 4 tazas de sopa de verduras
- 1 cucharada de ajo, picado
- 8 onzas de champiñones, rebanados
- 2 calabacines, rebanados
- 1 cebolla, picada
- 2 cucharadas de aceite de oliva
- pimienta
- sal

Indicaciones:

Vierte el aceite en la olla interior de la olla a presión y presiona la sartén sobre el guiso. Agrega los champiñones, los champiñones y la cebolla y cocina hasta que la cebolla esté suave. Agrega el ajo y sofríe por un minuto.

Agrega la pasta, la albahaca, el atún, los tomates y el caldo y mezcla bien. Tapar y cocinar a fuego alto durante 4 minutos. Cuando termine, libere la presión durante 5 minutos y libere el resto usando el botón de liberación rápida. Retire la cubierta. Agrega los demás ingredientes, mezcla bien y sirve.

Nutrición (100 g): 346 calorías 11,9 g de grasa 31,3 g de carbohidratos 6,3 g de proteína 830 mg de sodio

Sándwiches mixtos con aguacate y pavo

Tiempo de preparación: 5 minutos
TIEMPO DE COCCIÓN: 8 minutos
Servicios: 2
Dificultad: Fácil

Ingredientes:

- 2 pimientos rojos asados y cortados en tiras
- 1/4 libra de pechuga de pavo ahumado con kufka, en rodajas finas
- 1 taza de hojas de espinacas frescas, enteras, partidas
- 2 rebanadas de provolone
- 1 cucharada de aceite de oliva, dividido
- 2 panecillos ciabatta
- ¼ taza de mayonesa
- ½ aguacate maduro

Indicaciones:

Ralla finamente la mayonesa y el aguacate en un bol. A continuación, precalienta la prensa Panini.

Corta los sándwiches por la mitad y unta el interior del pan con aceite de oliva. Luego lo rellenamos con las manos: provolone, pechuga de pavo, pimiento asado, hojas de espinacas y lo untamos con la mezcla de aguacate y lo cubrimos con otra rebanada de pan.

Coloque el sándwich en la prensa para panini y ase durante 5-8 minutos, hasta que el queso se derrita y el pan esté crujiente y arrugado.

Nutrición (100 g): 546 calorías 34,8 g de grasa 31,9 g de carbohidratos 27,8 g de proteína 582 mg de sodio

Pollo con pepino y mango

Tiempo de preparación: 5 minutos

TIEMPO DE COCCIÓN: 20 minutos

Servicios: 1

Dificultad: Difícil

Ingredientes:

- ½ pepino mediano cortado a lo largo
- ½ mango maduro
- 1 cucharada de aderezo para ensalada de tu elección
- 1 tortilla integral
- Rebanadas de pechuga de pollo de 1 pulgada de grosor y aproximadamente 6 pulgadas de largo
- 2 cucharadas de aceite para freír
- 2 cucharadas de harina integral
- 2-4 hojas de lechuga
- Sal y pimienta para probar

Indicaciones:

Corte la pechuga de pollo en tiras de 1 pulgada y cocine solo tiras de 6 pulgadas en total. Serían como dos tiras de pollo. Guarde el pollo restante para usarlo en el futuro.

Sazona el pollo con pimienta y sal. Tamizar la harina integral.

Coloca una sartén pequeña antiadherente a fuego medio y calienta el aceite. Cuando el aceite esté caliente, agrega las tiras de pollo y cocina hasta que estén doradas, aproximadamente 5 minutos por lado.

Mientras se cocina el pollo, coloca las tortillas en el horno y hornea durante 3-5 minutos. Luego reserve y transfiera a un plato.

Corta el pepino a lo largo, usa solo la mitad y reserva el resto. Pelar el pepino en cuartos y quitarle el corazón. Coloque dos rodajas de pepino sobre la tortilla, a 1 pulgada del borde.

Corta el mango en rodajas y guarda el otro lado con las semillas. Pela el mango sin semillas, córtalo en tiras y colócalo encima del pepino en la tortilla.

Cuando el pollo esté cocido, colóquelo junto al pepino en una fila.

Agregue una hoja de pepino y espolvoree con el aderezo para ensalada de su elección.

Enrolla la tortilla, sirve y disfruta.

Nutrición (100 g): 434 calorías 10 g de grasa 65 g de carbohidratos 21 g de proteína 691 mg de sodio

Fattoush - pan del Medio Oriente

Tiempo de preparación: 10 minutos
TIEMPO DE COCCIÓN: 15 minutos
Porciones: 6
Dificultad: Difícil

Ingredientes:

- 2 rebanadas de pan pita
- 1 cucharada de aceite de oliva virgen extra
- 1/2 cucharadita de zumaque, más después
- Sal y pimienta
- 1 corazón de lechuga romana
- 1 pepino inglés
- 5 tomates roma
- 5 cebollas verdes
- 5 rábanos
- 2 tazas de hojas de perejil fresco picado
- 1 taza de hojas de menta fresca picadas
- <u>Ingredientes para especias:</u>
- 1 1/2 limas, jugo de
- 1/3 taza de aceite de oliva virgen extra
- Sal y pimienta
- 1 cucharadita de zumaque molido
- 1/4 cucharadita de canela molida
- 1/4 cucharadita de ajo picado

Indicaciones:

Tostar en la tostadora durante 5 minutos. Y luego corta el pan de pita en trozos.

Calienta 3 cucharadas de aceite de oliva en una sartén grande a fuego medio durante 3 minutos. Agregue el pan de pita y cocine, revolviendo, hasta que esté dorado, aproximadamente 4 minutos.

Agrega sal, pimienta y 1/2 cucharadita de zumaque. Retire las patatas fritas del fuego y colóquelas sobre papel absorbente para que escurran.

En una ensaladera grande, combine la lechuga rallada, el pepino, los tomates, las cebollas verdes, los rábanos en rodajas, las hojas de menta y el perejil.

Para hacer la vinagreta de lima, combine todos los ingredientes en un tazón pequeño.

Vierta el aderezo sobre la ensalada y mezcle bien. Agrega el pan de pita.

Servir y disfrutar.

Nutrición (100 g): 192 calorías 13,8 g de grasa 16,1 g de carbohidratos 3,9 g de proteína 655 mg de sodio

Focaccia de ajo y tomate sin gluten

Tiempo de preparación: 5 minutos

TIEMPO DE COCCIÓN: 20 minutos

Porciones: 8

Dificultad: Difícil

Ingredientes:

- 1 huevo
- ½ cucharadita de jugo de limón
- 1 cucharada de miel
- 4 cucharadas de aceite de oliva
- una pizca de azucar
- 1 ¼ taza de agua caliente
- 1 cucharada de levadura seca activa
- 2 cucharaditas de romero picado
- 2 cucharaditas de tomillo molido
- 2 cucharaditas de albahaca picada
- 2 dientes de ajo, picados
- 1 ¼ cucharadita de sal marina
- 2 cucharaditas de goma xantana
- ½ taza de harina de mijo
- 1 taza de fécula de papa en lugar de harina
- 1 taza de harina de sorgo
- Harina de maíz sin gluten para espolvorear

Indicaciones:

Enciende el horno durante 5 minutos, luego apágalo con la puerta cerrada.

Mezclar agua tibia y un poco de azúcar. Agrega la levadura y mezcla suavemente. Dejar actuar 7 minutos.

En un tazón grande, combine las hierbas, el ajo, la sal, la goma xantana, el almidón y la harina. Cuando la levadura haya subido añadimos la harina al bol. Batir el huevo, el jugo de limón, la miel y el aceite de oliva.

Mezclar bien y colocar en un molde cuadrado engrasado y espolvoreado con harina de maíz. Cubra con ajo fresco, otras hierbas y tomates picados. Lo metemos al horno caliente y lo horneamos durante media hora.

Encendemos el horno a una temperatura de 375oF y luego calentamos por 20 minutos. La focaccia estará lista cuando la parte superior esté ligeramente dorada. Retirar del horno y tostar inmediatamente y dejar enfriar. Se debe servir caliente.

Nutrición (100 g): 251 calorías 9 g de grasa 38,4 g de carbohidratos 5,4 g de proteína 366 mg de sodio

Hamburguesa de champiñones a la parrilla

Tiempo de preparación: 15 minutos
TIEMPO DE COCCIÓN: 10 minutos
Porciones: 4
Nivel de dificultad: medio

Ingredientes:

- 2 lechugas bibb, cortadas por la mitad
- 4 rodajas de cebolla morada
- 4 rodajas de tomate
- 4 panecillos enteros, tostados
- 2 cucharadas de aceite de oliva
- ¼ cucharadita de pimienta de cayena, al gusto
- 1 diente de ajo, picado
- 1 cucharada de azúcar
- ½ taza de agua
- 1/3 taza de vinagre balsámico
- 4 tapas grandes de hongos Portobello, de aproximadamente 5 pulgadas de diámetro

Indicaciones:

Retire los tallos de los champiñones y límpielos con un paño húmedo. Transfiera a una fuente para horno con las branquias encima.

En un bol mezclar bien el aceite de oliva, la pimienta de cayena, el ajo, el azúcar, el agua y el vinagre. Vierta sobre los champiñones y déjelos marinar en el frigorífico durante al menos una hora.

Pasada la hora, precalienta la parrilla a fuego medio y engrasa la parrilla.

Asa los champiñones durante cinco minutos por cada lado o hasta que estén tiernos. Cubre los champiñones con la marinada para que no se sequen.

Para armar, coloca ½ sándwich en un plato, decora con cebolla, champiñones, tomate y lechuga. Cubrir con la otra mitad superior del sándwich. Repite el proceso con los ingredientes restantes, sirve y disfruta.

Nutrición (100 g): 244 calorías 9,3 g de grasa 32 g de carbohidratos 8,1 g de proteína 693 mg de sodio

Baba Ghanoush mediterráneo

Tiempo de preparación: 10 minutos
TIEMPO DE COCCIÓN: 25 minutos
Porciones: 4
Nivel de dificultad: medio

Ingredientes:

- 1 cebolla de ajo
- 1 pimiento rojo, cortado por la mitad y en rodajas
- 1 cucharada de albahaca fresca picada
- 1 cucharada de aceite de oliva
- 1 cucharadita de pimienta negra
- 2 berenjenas, cortadas a lo largo
- 2 rondas de focaccia o pita
- jugo de 1 limon

Indicaciones:

Cubra una sartén para parrilla con aceite en aerosol y caliente la parrilla a fuego medio-alto.

Corta la parte superior del bulbo de ajo y envuélvelo en papel de aluminio. Colóquelo en la parte más fría de la parrilla y hornee por al menos 20 minutos. Coloca las rodajas de pimiento y berenjena en la parte más caliente de la parrilla. Malla en ambos lados.

Cuando los bulbos estén listos, pela la piel del ajo asado y coloca el ajo pelado en un procesador de alimentos. Agregue aceite de oliva, pimienta, albahaca, jugo de limón, pimiento rojo asado y berenjena asada. Revuelva y vierta en un bol.

Ase el pan durante al menos 30 segundos por lado para recalentarlo. Sirve el pan con la salsa puré y disfruta.

Nutrición (100 g): 231,6 calorías 4,8 g de grasa 36,3 g de carbohidratos 6,3 g de proteína 593 mg de sodio

www.ingramcontent.com/pod-product-compliance
Lightning Source LLC
Chambersburg PA
CBHW071835110526
44591CB00011B/1334